ULLSTEIN

Das Buch

Die außergewöhnliche Erfolgsgeschichte von Britney Spears strebt einem neuen Höhepunkt zu: Gerade hat sie ihr zweites Album *Oops!... I Did It Again* herausgebracht und die Fans sind begeistert. Doch wie hat alles angefangen? Wollte Brit schon immer Sängerin und Tänzerin werden? Wie gelang ihr der Durchbruch im harten und umkämpften Musikgeschäft? Wie wuchs sie auf? Was für ein Verhältnis hat sie zu ihrer Familie? Was macht Britney in ihrer Freizeit? Welche Freunde hat sie? Wovon träumt sie? Was denkt sie über die Liebe? In diesem Buch erfährst du alles über Britneys Karriere und Leben, über ihre Stärken und Schwächen, über ihren Look, ihr Erfolgsgeheimnis und ihr Fitness-Programm. Du bekommst alle wichtigen Informationen über Brits erste Platte *... Baby One More Time* und ihr aktuelles zweites Album. Und teste dich, ob du auch Britneys Herz erobern oder ihre beste Freundin werden könntest. Dieses ultimative Fanbuch ist ein Muss für jeden echten Fan!

Die Autorin

Astrid Dobmeier ist eine erfahrene Musikjournalistin und lebt in München.

Astrid Dobmeier

Britney Spears

Vom süßen Girl zum Superstar

Ullstein

Quellen:
BRAVO, Top Of The Pops, Popcorn, Rolling Stone, ME/SOUNDS, Teen Beat, Smash Hits, New Musical Express, Billboard Magazine, Entertainment Weekly; USA Today, Daily Star, Teen Weired, TRL, MTV, VIVA.

Ullstein Taschenbuchverlag 2000
Der Ullstein Taschenbuchverlag ist ein Unternehmen der
Econ Ullstein List Verlag GmbH & Co. KG, München
Originalausgabe

Umschlagkonzept: Lohmüller Werbeagentur GmbH & Co. KG, Berlin
Umschlaggestaltung: Bezaubernde Gini, München
Titelabbildung: action press, Hamburg
Gesetzt aus der Garamond und Mambo
Satz: Josefine Urban – KompetenzCenter, Düsseldorf
Druck und Bindearbeiten: Clausen & Bosse, Leck
Printed in Germany
ISBN 3-548-36567-1

Inhalt

Traumgirl 2000

Top of the Pop - Britneys Weg nach oben

Britneys Videoclips

Brit privat - Wie ist sie wirklich?

Britney hat Stil!

Fit wie Brit!

Girl-Power = Brit-Power

For Fans only!

Oops! ... She Did It Again - Britneys Zukunft

Test

Inf@!

Tipp

Traumgirl 2000

»I'd do anything, I'd give you my world
I'd wait forever, to be your girl
Just call out my name,
And I will be there
Just to show you how much I care«

Born To Make You Happy

Britney Spears - mehr als ein Pop-Phänomen

Sie ist das Traumgirl des neuen Jahrtausends: Mädchen lieben ihre fröhliche, natürliche Art, Jungs werden bei ihren rehbraunen Augen und ihrem süßen Lächeln schwach. Britney Spears aus dem amerikanischen Örtchen Kentwood wurde mit ihrem Hit ... *Baby One More Time* über Nacht zum Weltstar - und verzaubert seitdem ihre Fans rund um den Globus. Sie ist die erste Newcomerin, der das Unglaubliche gelang: Sowohl ihre Debütsingle als auch das gleichnamige Album schossen in den US-Charts gleichzeitig auf Platz 1. Auch in Deutschland rangierten Single und Longplayer wochenlang ganz oben. Damals war Britney erst 17 Jahre alt.

Eine unglaubliche Erfolgsgeschichte, die sich bereits in frühen Kindheitsjahren abzeichnete. Schon mit drei Jahren wollte Britney unbedingt singen - und ihre Eltern meldeten sie im Kirchenchor an. Später nahm sie Tanzunterricht in New York und gewann einige Preise bei regionalen Wettbewerben. Bereits wenige Jahre danach stand sie als Moderatorin der Kindersendung *Mickey Mouse Club* in

Orlando vor der Kamera – und bekam mehr Fanpost als alle ihre Kolleginnen. Bei allem, was Britney tat, hatte sie immer ein großes Ziel vor Augen: Sie wollte berühmt werden! Sie verfolgte ihren Wunsch mit Disziplin und Ausdauer. Und wie man sieht, hat es sich gelohnt: Ihr Traum ist in Erfüllung gegangen. Sie bekam einen Plattenvertrag, durfte mit berühmten Produzenten zusammenarbeiten und ziert mittlerweile die Titelblätter aller wichtigen Musikmagazine dieser Welt. Ihre tolle Stimme, ihr Talent und ihr Ehrgeiz ließen sie so erfolgreich werden wie ihre großen Vorbilder Whitney Houston und Mariah Carey. Und mit ihrem zweiten Album *Oops!... I Did It Again* beweist sie, dass sie kein One-Hit-Wonder, sondern bereits eine der ganz Großen in der Popbranche ist.

Trotz ihres Erfolges ist Britney ein Teenager wie jeder andere geblieben. Mit denselben Träumen, Wünschen und Ängsten. Und genau das macht sie so beliebt und so sympathisch. Sie ist das nette Girl von nebenan, das sich viele Mädchen als beste Freundin wünschen und mit dem Jungs gerne einmal ausgehen würden. Sie ist jemand, dem jeder seine Geheimnisse verraten würde, mit dem man shoppen gehen oder stundenlang über alltägliche Dinge reden möchte. Britney liebt ihre Familie, ihre Freunde und geht in ihrer Freizeit ihren Hobbys nach. So wie jedes Mädchen in ihrem Alter auch.

Millionen Fans sehen in Britney ihr großes Vorbild, bewundern ihre steile Karriere, sind verrückt nach ihrer Musik und kopieren ihren Stil. Doch das ist nicht alles, was Britney Spears ausmacht: Warum und wie wurde sie so erfolgreich? Und vor allem – wie ist Brit privat? Ist sie wirklich das Mädchen, das wir aus den vielen Interviews in Presse und Fernsehen kennen? Könnte sie auch deine

Freundin werden? Dieses Buch ist für Fans und für alle, die mehr über dieses 18-jährige Wundermädchen aus den Staaten erfahren möchten. Mit vielen Informationen, Tipps, unterhaltsamen Tests – und spannenden Geheimnissen …

Top of the Pop - Britneys Weg nach oben

»Just hang around and you'll see
There's nowhere I'd rather be«

Sometimes

(K)ein Kind wie jedes andere

Schon mit drei Jahren sah die kleine Britney einfach süß aus: Sie trug als Kind am liebsten knielange, hochgeschlossene Kleider mit vielen Rüschen und zarte Ballerinaschuhe. Ihr dunkelblondes Haar war zu einem niedlichen Pagenkopf geschnitten. Auf den ersten Blick richtig brav. Doch der Schein trügt, denn schon damals war Britney ein kleiner Frechdachs, der mit seiner aufgeweckten Art und seinem Temperament auf sich aufmerksam machte. Oft spielte sie mit ihrem fünf Jahre älteren Bruder Bryan im Haus so ausgelassen Fangen, dass schon mal die ein oder andere Vase daran glauben mußte. Am liebsten aber schlich sie sich heimlich ins Schlafzimmer ihrer Mom und stibitzte rote Lippenstifte und bunte Lidschatten aus deren Schminkkoffer. Wie jedes Mädchen liebte sie es, sich schön zu machen und vor dem Spiegel Prinzessin zu spielen. Manchmal musste ihre Mutter sie am Tag dreimal baden, weil die kleine Britney

Britney: »Als Kind musste ich jeden Tag heulen, wenn mir jemand erklären wollte, dass ich noch viel zu jung sei, um Make-up zu tragen!«

wieder einmal von oben bis unten mit Make-up bemalt war.

Brittany Jean Spears, wie Britney mit komplettem bürgerlichem Namen heißt, wurde am 2. Dezember 1981 in Kentwood, Louisana, geboren. Ihren zweiten Vornamen hat Britney von ihrer Großmutter Jean, der Mutter ihrer Mom. Britney wuchs behütet im großen Haus ihrer Eltern auf, das wie eine verträumte Farm im viktorianischen Baustil aussieht. Kentwood ist ein 2500-Seelen-Städtchen, etwa eine Stunde von New Orleans entfernt, in dem jeder jeden kennt. Dieser Ort ist ruhig, friedlich und perfekt für eine unbeschwerte Kindheit. Besonders viel Zeit verbrachte Britney mit ihren beiden gleichaltrigen Cousinen Sara-Catherine und Laura-Lynn und ihrer besten Freundin, die lustigerweise genau den gleichen Namen hat wie sie: Britney! Die vier waren unzertrennlich.

Britneys Mom Lynne ist Grundschullehrerin. Als Britney noch ganz klein war, arbeitete sie als Tagesmutter in einer Kindertagesstätte, in der auch ihre Tochter für einige Jahre untergebracht war. Gut für die kleine Britney, denn so lernte sie spielerisch viele Freunde in ihrem Alter kennen. Vater Jamie Spears ist Chef einer Baufirma und beruflich viel unterwegs. Obwohl die beiden nichts mit dem Showbusiness zu tun haben, begann Britney schon als Dreijährige vor dem Fernseher Stars zu imitieren und lauthals loszusingen. 1985 kam Whitney Houstons Song *How Will I Know* heraus – und den trällerte Britney so oft vor sich hin, dass sich ihre Eltern überlegten, wie Britney ihrem Talent Luft machen könnte. Mom Lynne hatte schließlich eine blendende Idee: Sie meldete Britney im baptistischen Kirchenchor an – denn die ganze Familie Spears gehört dem Baptismus an. Dass Britney später Popstar werden würde, daran dachte zu dieser Zeit aber noch keiner. Auch sie selbst nicht. Singen – das bedeutete für Britney damals in erster Linie eines: Spaß.

INFO!

Britney gehört dem baptistischen Glauben an.

Doch was ist der Baptismus eigentlich? Es ist eine Gemeindebewegung, bei der die Taufe erst im Erwachsenenalter vollzogen wird. Sie ist aus dem christlichen Glauben entstanden und vor allem in Amerika verbreitet. Richtlinie für den Glauben sind die Gemeindeordnung und das Leben nach den Regeln der Bibel. Deshalb hat Britney immer, egal wo sie gerade ist, ihre Bibel dabei. Sie betet regelmäßig vor dem Einschlafen und morgens nach dem Aufstehen.

Die Chorleiterin war so von Britneys Talent begeistert, dass sie sie bei einer kirchlichen Weihnachtsfeier auftreten ließ. Wie aufregend – mit knapp vier Jahren sollte Britney ihren ersten öffentlichen Auftritt haben! Das Ergebnis: Britney meisterte ihr Debüt vorbildlich. Obwohl sie total aufgeregt war, schaffte sie es schon damals, sich hundert Prozent auf ihre Arbeit zu konzentrieren – sie sang das Lied *What Child Is This* ohne einen einzigen Patzer. Alle waren hingerissen von ihrer Stimme, ihrem Auftreten und ihrem Selbstbewusstsein - und applaudierten kräftig. Von da an durfte sie jeden Sonntag im Kirchenchor mitsingen. Das war der Anfang von Britneys steiler Karriere.

Sie merkte schnell, welche Wirkung ihre Stimme auf andere Menschen hat. Alle hörten gespannt zu und waren verblüfft, wie erwachsen die Stimme des kleinen Mädchens klang. Als ihre Mom Lynne sie bei diesem Auftritt hörte, wurde auch ihr klar, dass Britney mit einem ganz besonderen Talent gesegnet ist, das es zu fördern galt. So schüchtern sich ihre kleine Tochter im »normalen« Leben manchmal gab, so unbeschwert und locker trat sie vor ein Publikum, stellte sich selbstbewusst auf die Bühne - und sang. Ohne Scheu und immer fröhlich.

Trotzdem: Zu dieser Zeit war Britney immer noch einfach nur das Mädchen von nebenan - verspielt, verträumt und kindlich. Aber eines war an Britney schon in ihrer Kindheit anders: Sie wusste genau, was sie wollte.

Ihre Feuerprobe beim Singen hatte sie bravourös gemeistert - doch das war ihr nicht genug! Sie wollte auch tanzen können. Und zwar am liebsten genauso gut wie ihre Idole aus dem Fernsehen. Weil Britney ein kleiner Dickkopf ist, gaben ihre Eltern nach und meldeten ihre begabte Tochter in einer Ballett- und Tanzschule an - der *Renee Donewar's School Of Dance*. Dort lernte sie, wie man eine grazile Haltung einnimmt, seine Muskeln trainiert und sich rhythmisch zur Musik bewegt. Ihre Mom nahm sich schon damals viel Zeit für sie: Sie fuhr Britney regelmäßig zur Tanzschule und holte sie dort wieder ab. Immerhin war die Tanzschule nicht in Kentwood, sondern fast eine Stunde davon entfernt - und Britney war noch viel zu jung, um diese lange Strecke allein mit dem Bus zu fahren.

1986 stand sie bei einer Schulaufführung zum ersten Mal als Tänzerin auf der Bühne. In ihrem rosaweißen Kleidchen und mit ihrem schicken Hut sah sie beinahe aus wie eine Märchenprinzessin. Britney war schon damals eine gute und aufmerksame Tanzschülerin, die jede Bewegung ihrer Lehrerin im Nu nachmachen konnte. Schnell wuchs auch ihre Liebe zu akrobatischen Tanzfiguren wie dem Rad oder dem Flip. Sie war außergewöhnlich ehrgeizig, sehr zum Gefallen ihrer Lehrerin. Bei lokalen Wettbewerben heimste Brit erste Preise ein. Sie genoss jede Sekunde des Unterrichts, und wenn er einmal ausfiel, weinte sie sogar.

Schließlich durfte sie auch ein paar Wochen bei dem weltbekannten Trainer Bela Karolyi in Texas Unterricht nehmen: Er bildete erfolgreiche Olympiateilnehmer im Turnen aus. Und auch darin war sie begabt. Denn Britney ist ungeheuer gelenkig und beweglich. Doch als sie immer besser wurde, wurden auch die Wettbewerbe härter. Britney verlor ein wenig den Spaß am gymnastischen Turnen und dem anstrengenden Training. Denn sie wollte viel lieber zu Musik tanzen, als ausschließlich an Turnwettkämpfen teilnehmen. Also hörte sie mit dem Turnen wieder auf und konzentrierte sich ganz aufs Tanzen und Singen.

Obwohl Britney aussah wie ihre Freundinnen, genauso gerne mit Puppen spielte wie sie oder mit Gokarts die Straßen unsicher machte, war sie doch anders als alle anderen. Denn in ihr schlummerten noch viele Talente, die bereits ein paar Jahre später entdeckt werden sollten.

Erste Schritte im Showbusiness

Mit acht Jahren wollte Britney mehr als einfach nur still und brav ihre Ballett- und Gesangsstunden nehmen. Sie wollte berühmt werden! Aber wie sollte sie das anstellen? Immerhin wohnte Brit nicht in New York oder Hollywood, wo es einfacher ist, Kontakte zu knüpfen. In Kentwood gab es bisher niemanden, der berühmt geworden war. Jedenfalls kannte Britney keinen. Eines Tages aber erzählte ihr ihre Mom Lynne, sie hätte gelesen, dass im Fernsehen Moderatoren für eine neue Version des *Mickey Mouse Clubs* gesucht werden. Das musste sie ihr nicht zweimal sagen! Von diesem Zeitpunkt an hatte Britney nur eines im Sinn: Sie wollte ins Fernsehen. Im *Mickey Mouse Club* (das deutsche Pendant dazu ist der *Disney Club*) durften die Moderatoren nicht nur durch die Sendung führen, sondern auch singen, kleine Sketche spielen und tanzen – die perfekte Aufgabe für Britney. Außerdem liebte sie Walt-Disney-Filme wie *Cinderella* oder *Das Dschungelbuch* und hatte zu Hause ganz viele Disney-Plüschtiere.

Natürlich war Britney damals noch zu jung, um sich selbst für ein Casting zu bewerben. Also bat sie ihre Mom um Hilfe. Und die arrangierte tatsächlich ein Treffen mit den Produzenten und schließlich auch einen Castingtermin in Atlanta. Damit war sie eine Bewerberin von tausenden begabten Teenies zwischen 10 und 17 Jahren. Eine große Herausforderung: Zuerst musste Britney vor der Kamera einen Text lesen, danach tanzen und zuletzt sollte sie einfach frei sprechen. Obwohl daran schon viele Bewerber vor ihr gescheitert waren, erzählte sie munter von ihren Erlebnissen in der Tanzschule und begeisterte die Produzenten mit ihrer fröhlichen und frischen Art. Alles lief reibungslos. Britney war überglücklich. Würde sie den Job bekommen? Sie war unglaublich aufgeregt. Eine Stunde musste Britney warten, bis sie endlich zum Gespräch mit den Produzenten gerufen wurde. Ihr Herz schlug heftig. Mom Lynne saß dicht neben ihr und hielt ihre Hand. Doch dann kam die bittere Enttäuschung: Die Fernsehmacher erklärten ihr, dass sie Britney für äußerst begabt hielten, sie aber einfach noch zu jung für diesen Job sei. Denn alle anderen, die als Moderatoren dort arbeiten sollten, waren bereits drei Jahre älter als sie.

Was für eine Enttäuschung! Britney konnte ihre Tränen kaum zurückhalten. Doch ihre Mom tröstete sie. Immerhin behielten die TV-Leute ihre Unterlagen, notierten sich ihre Adresse und vesprachen, sich bald telefonisch zu melden. Wenigstens ein kleiner Trost. Tortzdem war Britney schrecklich traurig und fuhr geknickt zurück nach Kentwood. Hoffentlich würden sich die Produzenten auch wirklich melden! Über eine Woche wartete sie auf den versprochenen Anruf, es kam ihr wie eine halbe Ewigkeit vor. Dann endlich, nach zehn Tagen, rief einer der Produzenten an. Er gab der Familie Spears den Rat, ihre Tochter in eine renommierte Tanzschule in New York zu schicken.

Dort würde sie ihr Tanztalent weiter ausbilden lassen können – und somit keinerlei Zeit vergeuden.

Nach New York? Weg aus dem idyllischen Ort Kentwood? Fern von ihrer Familie, ihren Freunden? Ganz alleine in einer Großstadt? Über solch einen Schritt musste natürlich gemeinsam diskutiert werden, die Familie Spears rief eine »Familiensitzung« ein. Britney dachte die ganze Zeit daran, wie aufregend es sein würde, in New York zu leben: die vielen Leute, die großen Bühnen, das spannende Großstadtleben. Brit sagte in einem Interview: »Da wo ich herkomme ist es ganz und gar nicht üblich, nach New York zu ziehen. Das macht so gut wie keiner.«

INFO!

Britneys Lieblingsmusik

Lieblingssong: *Purple Rain* von Prince
Lieblingssänger: Madonna, Prince, Janet Jackson, Brandy
Wichtigste Einflüsse: Whitney Houston, Mariah Carey, Otis Redding

Britney in New York

Nach tagelangem Hin- und Herüberlegen stand die Entscheidung fest: Britney durfte nach New York ziehen, um die Ausbildung als professionelle Tänzerin am *Off-Broadway Dance Center* aufzunehmen. Kein leichter Schritt. Aber bis heute hat ihn Britney nicht bereut. Immerhin lernte sie dort in drei Semestern alles, was es ihr heute leichter macht, eigene Choreographien zu entwerfen und internationalen Ansprüchen gerecht zu werden. Außerdem ging ihre Mom mit ihr, denn mit ihren acht Jahren war Britney natürlich zu jung, um alleine in New York zu leben. Ihr Dad und ihr Bruder blieben in Kentwood. Lynne und Britney zogen in ein kleines Apartment im Herzen New Yorks. Als Britney in New York ankam, war sie überwältigt und gleichzeitig fasziniert von der Größe und Lebendigkeit dieser Stadt. So viele Menschen, so viele Taxis – und dieser Lärm! Einfach nicht mit ihrem Heimatort Kentwood zu vergleichen. An den Wochenenden jedoch traf

Britney: »Ich liebe New York, obwohl mich die Taxifahrer nervös machen. Manchmal schließe ich aus Angst einfach die Augen.«

die Familie meistens wieder zusammen, denn Britney vermisste ihren Dad und ihren Bruder sehr.

Drei Jahre dauerte die Ausbildung. In dieser Zeit erweiterte sie ihre Tanzkenntisse erheblich. Außerdem lernte sie viele Mädchen und Jungen in ihrem Alter kennen, die mit ihr die Begeisterung für Musik und Tanz teilten. Sie war überglücklich, genau das tun zu können, was ihr so viel Spaß bereitete, und fühlte sich langsam immer wohler in der hektischen Stadt New York. Es war ihr egal, wenn die Füße abends schmerzten und sie trotzdem früh morgens wieder fit sein musste. Wenn Britney etwas liebt, dann gibt sie dafür alles. Neben dem harten Unterricht bewarb sie sich für einige Werbefilme (sie spielte unter anderem bei einem Mitsubishi-Spot mit und warb für eine Barbecue-Sauce) - und sammelte dort ihre ersten TV-Erfahrungen. Das war eine kleine Genugtuung für Britney. Denn auch wenn sie für den *Mickey Mouse Club* noch zu jung war, für die Werbebranche war sie es offensichtlich nicht!

1991 kam sie ihrem Traum vom Berühmtsein einen großen Schritt näher: Sie bekam ein Engagement bei der Off-Broadway-Show *Ruthless*. Diese Show war ein Remake aus dem Jahre 1956 und Britneys Rolle machte ihr unheimlich viel Spaß. Sie spielte ein Mädchen namens Tina, das nach außenhin ganz brav und süß - aber in Wirklichkeit ein richtig kleines Biest war. Brit sagte damals über ihre Rolle: »Ich mußte auf der Bühne meine beste Freundin umbringen, das war ganz schön hart.« 1992 - da war Britney gerade zehn Jahre alt! - machte sie bei der Talentshow *Star Search* mit und war ebenso erfolgreich wie bei dem Wettbewerb *Miss Talent USA*: Sie gewann 1000 Dollar! Wenn Britney an diesen Tag zurückdenkt und sich

Fotos anschaut, muss sie lachen. Denn sie trug damals ein schwarzes Rüschenkleidchen mit weißem Spitzenkragen und eine große Schleife in ihrem gewellten Haar. Heute ist das ganz und gar nicht mehr ihr Stil – viel zu kitschig für die modebewusste Brit: »Ich kann gar nicht glauben, dass mich meine Mom mal in so ein Kleid gesteckt hat!« Nebenher wurde sie übrigens stets von ihrer Mutter in Sachen Allgemeinbildung unterrichtet.

Nach den drei Jahren in New York war eines klar: Der Aufwand und die Anstrengungen hatten sich gelohnt! Denn jetzt wusste Britney, ihr ersehnter Job als Moderatorin beim *Mickey Mouse Club* war näher gerückt. Nun hatte sie das gefragte Alter erreicht und viel mehr Erfahrungen als vorher. Sie wollte den Fernsehleuten beweisen, dass sie nicht so leicht unterzukriegen ist – und an ihr Talent glaubt. Also ging sie noch einmal zum Casting – zusammen mit tausenden von anderen Kindern, die von überall aus Amerika und sogar aus Kanada anreisten. Britney wollte so gerne eines der »Mouseketiere« werden, die sie sich jetzt zwei Jahre lang im Fernsehen angekuckt hatte. Und? Der Plan ging tatsächlich auf: Brit wurde engagiert! Die Produzenten hatten Britney und ihren Auftritt vor drei Jahren nicht vergessen – und waren beeindruckt vom starken Willen des kleinen Girls. Dabei war sie noch immer die Jüngste. Kaum aus New York nach Kentwood zurückgekehrt, stand schon wieder ein Umzug an. Denn der *Mickey Mouse Club* wurde nicht in New York aufgezeichnet, sondern in Orlando, Florida. Der Abschied von Zuhause fiel Britney dieses Mal besonders schwer, weil in der Zwischenzeit ihre kleine Schwester Jamie Lynn geboren worden war. Hochschwanger war ihre Mutter zurück nach Kentwood gefahren. Sie hatte unbedingt gewollt, dass ihr zweites Töchterchen in diesem ruhigen Ort geboren wird – und nicht im unpersönlichen New York. Britney hatte zu der Zeit wichtige Aufführungen und konnte bei der Geburt nicht zu Hause sein. Umso größer war die Freude natürlich, als sie Jamie zum ersten Mal im Arm halten durfte: »Es war fast so, als wäre es mein Kind, weil sie zehn Jahre jünger ist als ich …«

Tipp

So bewirbst du dich richtig bei einem Casting

Britney hatte das Glück, eine sehr aufmerksame Mom zu haben. Sie war es, die ihre Tochter auf die Idee brachte, sich beim *Mickey Mouse Club* zu bewerben. Wenn auch du in Britneys Fußstapfen treten willst, achte auf Aufrufe in Zeitschriften, Internet und Fernsehen. Talente werden immer gesucht! Aber sei stets vorsichtig: Bevor du dich bewirbst, vergewissere dich, ob das Angebot auch wirklich seriös ist. Hier ein paar Tipps für ein erfolgreiches Casting:

1. Bereite dich gewissenhaft auf das Casting vor. Egal, ob du einen Text auswendig lernen musst oder ein Lied vorsingen sollst – nur wer sein »Programm« wie im Schlaf beherrscht, kann er-

folgreich sein. Informiere dich daher genau, was das Castingteam von dir erwartet. Britney würde sagen: »Wenn du etwas erreichen willst, musst du auch was dafür tun.«

2. Übung macht den Meister. Wenn du alles perfekt einstudiert hast, solltest du das Gelernte jemand anderem vortragen. Egal ob deinen Eltern oder guten Freunden. Wer den Mut hat, vor vertrauten Menschen zu sprechen, wird später auch vor fremdem Publikum weniger Lampenfieber haben. Britneys liebste Kritiker waren schon immer ihre Eltern und ihr Bruder Bryan, denn sie waren stets ehrlich und sagten ihr auch mal, wenn sie etwas nicht so toll fanden.
3. Sei du selbst. Damit am Tag vor dem Termin nicht die große Panik ausbricht, halte dir immer vor Augen, dass es nur eine Chance von vielen für dich ist. Klappt es nicht, probierst du es eben noch einmal. Deshalb solltest du dir auch nichts vormachen, so natürlich wie möglich auftreten und niemand anderen kopieren. Zieh deine Lieblingsklamotten an, in denen du dich wirklich wohl fühlst. Britneys Enspannungstipp: Gönne dir am Abend davor ein Schaumbad.
4. Sei pünktlich. Um am Tag der Tage nicht abgehetzt zu deinem wichtigen Termin zu kommen, nimm dir genug Zeit. Setz dich zu Hause noch einmal in Ruhe hin, schließ deine Augen und stell dir die Situation, die dich erwarten wird, im Geist ganz genau vor. Atme tief durch und sag dir

selbst immer wieder: »Ich habe Talent, ich werde es schaffen.« Viel Glück! Und denk immer daran: Auch Britney wurde bei ihrer ersten Bewerbung abgelehnt. Aufgegeben hat sie deshalb noch lange nicht!

Go for Mickey Mouse Club!

Drei Jahre nachdem sie sich zum ersten Mal beim *Mickey Mouse Club* beworben hatte, sollte ihr Traum also in Erfüllung gehen: Britney als Moderatorin im Fernsehen! In jener Sendung, die sie selbst so gerne am Bildschirm verfolgte. Sie hatte die Sendung schon so oft gesehen, dass sie genau wußte, was wann passierte: Da gab es einen Musiktag, an dem Popstars im Studio vorbeischauten, einen Startag, an dem die Moderatoren Filmschauspieler vorstellten, einen Tag, an dem talentierte Kinder auftreten durften, und einen Partytag, an dem verschiedene Motto-Partys gefeiert wurden. Ja, das war's! Hier konnte Britney alles in einem verwirklichen – das Moderieren, das Tanzen und sogar ein wenig singen. Für den Titelsong der Sendung sangen und rappten die »Mouseketiere« gemeinsam die Zeile: »M-I-C see you real soon K-E-Y-Why? Because we like MMC.«

Britney war bei ihren ersten Auftritten ein wenig verunsichert, weil sie gerade ihre neue Zahnspange bekommen hatte. Aber ihre Hemmungen legten sich schnell und Brit war sogar ein wenig stolz auf ihren »Silberschmuck«: »Als ich meine Zahnspange bekam, fand ich das cool, weil ich mir sicher war, dass ich ab jetzt ein Teenie und kein kleines Kind mehr war.« Ihre Mom und ihre kleine Schwester Jamie Lynn zogen mit ihr nach Orlando in eine Dreizimmerwohnung, gleich neben den *Disney MGM Studios*. Ihr Dad und ihr Bruder Bryan blieben in Kentwood. Wenn Britney zurückblickt, waren die Jahre in Orlando die schönsten überhaupt.

INFO!

Ein Tag beim *Mickey Mouse Club*

Britneys Tagesablauf beim *Mickey Mouse Club* sah damals folgendermaßen aus: 7 Uhr morgens aufstehen, von 9 Uhr bis 12.30 Uhr Unterricht (denn auch die Bildung sollte nicht zu kurz kommen), ab 13 Uhr Proben für die Aufzeichnungen, Make-up, Anprobe und ab 15.45 Uhr Sendung vor Live-Publikum im Studio. Sie dauerte drei Stunden. 19 Uhr Abendessen, danach musste Britney Hausaufgaben machen. Spätestens um 22 Uhr ging's ab ins Bett. Ein harter Tagesablauf, aber Brit genoss es, denn sie konnte genau das tun, was sie wollte.

Zwei Jahre lang moderierte sie an der Seite von Justin Timberlake und JC Chasez, die später mit ihrer Boygroup *NSYNC berühmt wurden. Und auch Christina Aguilera stand mit Britney vor der Kamera. Eine echte Talentschmiede, dieser *Mickey Mouse Club*! Die vier verbrachten nicht nur viel Zeit beim Moderieren miteinander, sondern auch privat. Britney, Justin, JC und Christina wurden gute Freunde. Jede Woche hatten sie zwei Tage frei, die sie zusammen genossen. Schon nach den ersten Sendungen erhielten die jungen Moderatoren Wäschekörbe voller Fanpost. Viele der Briefe waren an »Bit-Bit« adressiert. Hinter diesem Spitznamen versteckte sich wohl wer? Natürlich Britney! Die Kids liebten an ihr vor allem ihre unbekümmerte, natürliche und fröhliche Art. Immer wieder verabschiedete sie sich mit den einprägsamen Worten »Das Leben ist kurz - macht das Beste daraus!« Die Arbeit beim *Mickey Mouse Club* war ganz schön anstrengend, von Dienstag bis Samstag wurden Sendungen produziert. 1993 erschien auch eine CD mit den 12 besten Songs aus der Sendung, gesungen von verschiedenen »Mouseketieren«, unter anderem auch Britney.

INFO!

»Mouseketier« mal vier

Nicht nur Britneys erste Schritte im Showbusiness fanden beim *Mickey Mouse Club* statt. Einige andere der Girls und Boys wurden später ebenso erfolgreich wie sie. Diese Disney-Sendung war ein echtes Sprungbrett für begabte Newcomer.

Christina Aguilera

Christina wurde am 18. Dezember 1980 in Staten Island, New York, geboren und hat somit das gleiche Sternzeichen wie Britney – Schütze. Bestimmt kennst du ihren ersten Hit *Genie In A Bottle*, der ein paar Monate nach Britneys Debütsingle veröffentlicht wurde. Zu Zeiten des *Mickey Mouse Clubs* waren Christina und Britney gute Freundinnen, denn beide liebten dieselbe Musik und schwärmten für Whitney Houston. Mittlerweile sind sie sehr erfolgreich im Geschäft und starke Konkurrentinnen. Ihre Freundschaft wird also auf eine harte Probe gestellt. Zwar sehen sich die zwei nicht mehr so oft wie früher, aber in Interviews betonen sowohl Chris als auch Brit immer wieder, dass sie nach wie vor Freundinnen seien und sich gegenseitig bewundern. Als Christina im Februar 2000 den *Grammy* bekam (und nicht die favorisierte Britney) gratulierte ihr Brit von ganzem Herzen. Also wirklich keine Spur von Eifersucht und Neid? Mehr dazu erfährst du später im Kapitel »Britneys Freunde«.

Justin Timberlake und J.C. Chasez

Diese zwei Jungs sind für dich sicher keine Unbekannten mehr. Justin und J.C. sind Mitglieder der Boygroup *NSYNC, die sowohl in Europa als auch in den USA so erfolgreich sind wie die Backstreet Boys. Justin Randall Timberlake wurde am 31. Januar 1981 in Memphis, Tennessee, geboren. Joshua Scott Chasez erblickte am 8. August 1976 in Washington D.C. das Licht der Welt. Die beiden blieben nach ihrem Job beim *Mickey Mouse Club* in Kontakt und verbesserten hartnäckig ihre Gesangs- und Tanzfähigkeiten. Als sie dem Manager Johnny Wright begegneten, beschlossen sie, mit drei anderen Boys *NSYNC zu gründen. Anfang 2000 konnten die Jungs in den USA mit ihrem Album *No Strings Attached* sämtliche Verkaufsrekorde brechen (über sechs Millionen verkaufte Exemplare in nur 10 Tagen) - und verdrängten damit sogar die Backstreet Boys. Mehr Informationen unter: www.n-sync.de

Nikki Deloach

Ashlee Nicole DeLoach alias Nikki wurde am 9. September 1979 geboren, wuchs in Georgia auf und nahm wie Britney schon früh an Gesangswettbewerben teil. Nach ihrer Erfahrung beim *Mickey Mouse Club* hörte sie von einem Casting für die Girlgroup Innosense, in der Nikki später tatsächlich Mitglied wurde. Als Managerin wurde übrigens Lynn Harless engagiert, Justin Timberlakes Mutter.

Und die folgenden zwei Namen solltest du dir schon mal für die Zukunft merken:

Rhona Bennet nimmt gerade ihr Debütalbum auf und **Josh Ackerman** möchte auch im Musikbusiness durchstarten.

Erst 11 Jahre alt und schon so viel erreicht! Britney hatte sich vorgenommen zu singen – und sie tat es! Sie hatte sich geschworen, als Tänzerin auf der Bühne zu stehen – auch das schaffte sie. Und nun stand sie also vor der Kamera und stellte den Kids im Fernsehen alle Neuigkeiten aus der Film- und Spielewelt von Disney vor. Endlich konnte sie auch Lippenstifte und Make-up verwenden, ohne ihrer Mom damit auf die Nerven zu gehen. Denn Make-up brauchen alle, die vor der Kamera stehen. Ein echtes Glückskind, diese Britney. Und weil sie für ihr Alter schon um einiges weiter war als andere Kinder, wurde ihr selbst dieser Job auf die Dauer ein wenig langweilig.

Zurück ins »normale« Leben

Im Oktober 1994 änderte sich einiges: Der *Mickey Mouse Club* wurde von heute auf morgen abgesetzt. Das Ende zweier toller Jahre – und Britney sagte in ihrer letzten Sendung: »Hoffentlich werden wir uns nicht aus den Augen verlieren.« Hatte sie etwa geahnt, dass einige ihrer jungen Kollegen wie sie berühmt werden würden? Auf alle Fälle musste sie sich nun entscheiden, wie es im Leben weiterging. Britney entschloss sich, wieder zurück in ihren Heimatort zu gehen und die normale Highschool, die *Park Lane Academy,* zu besuchen. Ja, sie wollte probieren, wieder ein ganz normales Mädchen zu sein! Und tatsächlich: Für ein Jahr war sie einfach nur Britney, wurde Mitglied im Basketballteam ihrer Schule und machte alles, was die anderen 13- oder 14-jährigen Teenies auch machten.

Britney: »Als ich eine Zahnspange bekam, war ich zuerst total verunsichert. Ich bildete mir ein, jeder Boy, der mich anspricht, will mich verschaukeln.«

Sie trug eine Zahnspange, plagte sich mit schwierigen Matheaufgaben herum und freute sich über gute Noten in

Englisch und Geschichte. Sie ging gerne shoppen, sah sich die neuesten Filme im Kino an, ging im Sommer schwimmen und schaute fern. Oder sie traf sich mit ihren Freundinnen und unterhielt sich über Jungs. Im Jahrbuch wurde sie als »Schönstes Mädchen der Schule« ausgezeichnet! Mit 13 entdeckte sie Partys, wollte wie andere Teenies ausgehen. Und wie alle ihre Freunde musste sie sich jede Minute bei ihren Eltern hart erkämpfen. Das war bei ihrem Bruder Bryan schon so und Lynne und Jamie wollten auch bei Britney keine Ausnahme machen. Sie teilte mit ihren Freundinnen eigentlich alles, bis auf eine Angewohnheit – das stundenlange Telefonieren. Wenn sie so nachdenkt, stellt sie fest: »Ich spreche mit Freunden lieber persönlich als am Telefon.« Mit hohen Telefonrechnungen und Vorwürfen ihrer Eltern hatte sie somit jedenfalls kein Problem. Britney, also ein ganz normaler Teenager? Fast.

Nach ein paar Monaten begann sie wieder vor sich hin zu träumen. Immer nur Mathe büffeln (Brits ungeliebtestes und schlechtestes Schulfach) und sich mit Vokabeln herumschlagen war ihr einfach zu langweilig. Sie erinnerte sich, wie toll es war, auf der Bühne vor Publikum zu stehen und zu singen. Dieses Gefühl, mit der Stimme Menschen zu begeistern! Das wollte Britney wieder empfinden, denn eigentlich war das ihr großer Traum: Sängerin zu werden – und den konnte sie nicht so mir nichts dir nichts aufgeben. Außerdem hatte sie bereits jahrelang Großstadtluft geschnuppert – und in ihrem kleinen Heimatort würde weder etwas passieren, noch würde sie dort jemand entdecken.

INFO!

Brit-Facts

Damals - beim Mickey Mouse Club

Lieblingsfarbe: blau
Lieblingsschauspieler/in: Tom Cruise und Demi Moore
Lieblingssänger/in: Whitney Houston
Lieblingsessen: Pizza
Lieblingsort: Florida
Lieblingssportteam: Chicago Bulls
Der schönste Tag in ihrem Leben: Als sie erfuhr, dass sie beim *Mickey Mouse Club* moderieren darf.

Heute - als 18-jährige

Lieblingsfarbe: blau
Lieblingsschauspieler: Brad Pitt, Ben Affleck
Lieblingssängerin: Whitney Houston, Madonna, Janet Jackson
Lieblingsessen: Spaghetti, Hotdogs
Lieblingsort: New York
Lieblingssportteam: Atlanta Falcons
Der schönste Tag in ihrem Leben: Als sie erfuhr, dass sie mit ... *Baby One More Time* Platz 1 der US-Charts erobert hatte.

Geschafft!
Britney im Musikgeschäft

Britney verließ die Highschool und nahm ein Fernstudium an der *University of Nebraska* auf. So war sie zeitlich ungebunden, machte ihre Hausaufgaben und konnte dennoch, wenn sich die Gelegenheit ergab, an Wettbewerben in New York teilnehmen. Ihre Eltern sahen, wie ernst es ihrer Tochter war – und versprachen ihr, sie weiter zu unterstützen. Ihr Vater knüpfte schließlich Kontakte zu Larry Rudolph, der auch 98° und Ghostface Killah des Wu-Tang Clans zu ihrem Durchbruch verholfen hatte. Rudolph fragte Britney, ob sie ihm Fotos und ein Demotape schicken könnte. Was für eine Frage! Larry Rudolph war immerhin ein guter Freund des bekannten Managers Johnny Wright, der unter anderem die Backstreet Boys berühmt gemacht hatte. Britney nahm sofort einen Song auf und schickte das Päckchen noch am selben Tag weg. Sie hatte zu einem Instrumentalstück gesungen und das Lied mit einem einfachen Kassettenrekorder aufgezeichnet. Die Klangqualität war zwar nicht besonders berauschend, aber Britney hoffte ganz einfach, dass ihr Gesang das wieder wettmachen würde.

Rudolph war von ihrer ausdrucksstarken Stimme begeistert. Er konnte gar nicht glauben, dass sie noch nicht ganz 15 Jahre alt war - und schon eine so ausgebildete Stimme hatte. Begeistert arrangierte er für sie ein Vorsingen bei einem Wettbewerb. Gesucht wurden Mitglieder für die Girlband Innosense, die dir bestimmt ein Begriff ist. Amanda Latona, die auch bei Innosense sang, war lange Zeit die Freundin von A.J. von den Backstreet Boys. Als das Castingteam Britney singen hörte, war es nicht nur begeistert - sondern total aus dem Häuschen. Dennoch gaben sie Britney eine Abfuhr. Wie konnte das sein? Einerseits begeistert, aber andererseits gaben sie ihr keine Chance? Das Team vertröstete Britney mit den Worten »Du bist zu begabt und zu gut für eine Gruppe. Du solltest es solo probieren«. Was für eine Aussage! Britney war mit ihren fast 15 Jahren zu talentiert für eine Mädchengruppe. Das übertraf Britneys kühnste Erwartungen. Und als sie so darüber nachdachte, fand sie, diese Leute hatten Recht. Eigentlich wollte sie gerne alleine durchstarten, so wie Whitney Houston oder Mariah Carey. Die hatten es bekanntlich auch solo geschafft. Auch der Musikmarkt sprach für ihre Entscheidung: Die Erfolge von Boy- und Girlgroups nahmen langsam ab, Solokünstler lagen wieder besser im Rennen.

Britney: »Ich kaufe mir regelmäßig englische und amerikanische Bestselleralben. Es ist für mich interessant zu analysieren, warum die Leute gerade diese Platten gekauft haben.«

Rudolph riet Britney, ein Demotape an Jive Records zu schicken, bei denen auch die Backstreet Boys unter Vertrag sind. Nun, das tat sie natürlich sofort. Sie hatte die steile Karriere der Jungs mit großer Bewunderung verfolgt. Sie tütete ihre Kassette selbst in ein Kuvert, schrieb ein paar nette Zeilen dazu und legte ein Foto von sich bei. Und ab ging die Post. Wochenlang hörte sie nichts. Keine Absage, kein Interesse. Gar nichts. Britney konnte nachts oft nicht einschlafen, weil sie spürte, dass die Rückmeldung von Jive für sie von ganz besonderer Bedeutung sein würde. Doch dann, eines schönen Nachmittags, klingelte das Telefon. An der anderen Leitung war Jeff Fenster, einer der Plattenbosse der großen Firma Jive Records! Britney zitterten die Knie. Ob er anrufen würde, wenn es sich um eine Absage handelte? Natürlich nicht, denn das wird in der Regel schriftlich erledigt. Im Verlaufe des Gesprächs wurde Britney klar, dass Jive Interesse an ihr hatte! An ihrer Stimme und ihrem Talent.

Fenster lud sie in sein Büro nach New York ein. Diese Stadt kannte Britney ja schon aus der Zeit in der Tanzschule, was ihr ein wenig die Aufregung nahm. Sie kam schon am Abend vor dem Treffen an. Vor dem Schlafengehen atmete sie tief durch und betete ihr Nachtgebet. Insgeheim hoffte sie, dass der liebe Gott sie bei diesem Termin unterstützen würde. Am nächsten Morgen war Britney total aufgeregt: »Ich kam mir vor, als würde ich um mein Leben singen. Ein verrücktes Gefühl«, sagte sie später in einem Interview mit dem amerikanischen Magazin *Billboard*. Im Büro von Fenster versammelten sich die obersten Herren von Jive Records – und Britney sollte *a capella* einen ihrer Lieblingssongs singen. Obwohl ihr Herz heftig klopfte, meisterte sie das Vorsingen fehlerfrei. Als sie die letzten Töne von Whitney Houstons *I Have Nothing* sang, waren die Plattenbosse sprachlos. Brit war ein wenig verunsichert – warum sagten die denn nichts?

Hatte es ihnen etwa nicht gefallen? Nein, im Gegenteil! Sie waren sprachlos vor Begeisterung! Sie waren so berührt von dieser gewaltigen Emotionalität, die Britney in ihrer Stimme zum Ausdruck gebracht hatte, dass sie ihr noch am selben Nachmittag einen Plattenvertrag anboten. Einfach so! Einen Plattenvertrag! Das war im August 1997. Jetzt sollte wirklich ihr großer Traum in Erfüllung gehen.

Britney war sich darüber im Klaren, wie viele Mädchen in ihrem Alter von einer derart großen Chance träumten. Und wie viele Mädchen jahrelang und hart für so einen Vertrag kämpfen mussten. Jetzt war es also so weit. Wenige Tage später stellte ihr Fenster zwei großartige Männer aus dem Musikbusiness vor: Songschreiber und Producer Max Martin hatte bereits mit den Backstreet Boys und Ace Of Base gearbeitet und Eric Foster White hatte schon zusammen mit Whitney Houston große Erfolge gefeiert. Beide kannte Britney bisher nur aus Musikzeitschriften. Sie wusste, was es bedeutete, zusammen mit diesen zwei Männern zu arbeiten. Und tatsächlich sollten Martin und Foster schon bald ihren Beitrag zum riesigen Erfolg von Britneys Debütalbum ... *Baby One More Time* leisten.

Das Debütalbum

Ab jetzt ging alles Schlag auf Schlag: Britney fuhr zu Max Martin nach Stockholm in die berühmten *Cheikron Studios*. Dort sollte sie im Frühjahr 1998 ein paar Songs für ihr erstes Album aufnehmen. Was für eine aufregende Reise ins ferne Europa – ihr erster Trip außerhalb der Vereinigten Staaten von Amerika. Britney war gespannt, welche Erfahrungen sie dort sammeln würde. Sie wusste, dass Schweden zur Zeit eines der angesagtesten Länder ist, um Popalben zu produzieren. *NSYNC hatten dort ihr erstes Album aufgenommen und auch die Backstreet Boys produzierten in Schweden einige Songs. Außerdem war Britney überglücklich, mit einem so erfahrenen und erfolgreichen Mann zusammenarbeiten zu können. Mit Martin entstanden zuerst die Songs ... *Baby One More Time*, *I Will Be There* und *(You Drive Me) Crazy*. Die beiden verstanden sich blendend und Britneys Wunsch, endlich professionell Musik zu machen, ging in Erfüllung. Als sie gemeinsam an ihrer ersten Single ... *Baby One More Time* arbeiteten, war Britney begeistert, denn sie hatte das Gefühl, dass dieser Song hundertprozentig zu ihr passte – sexy, frech und einprägsam. Martin hatte wirklich ein ausgezeichnetes Gespür dafür, welche Art von Liedern Britney zusagen würden und welche nicht. Deshalb war es auch nicht so schlimm für sie, dass sie keinen der Songs für ihr erstes Album selbst geschrieben hatte. Das sollte sich aber bereits bei ihrem zweiten Album *Oops!… I Did It Again* ändern, denn Britney hat viele Ideen für eigene Songs. Immer, wenn ihr eine neue kleine Melodie einfällt, ruft sie zu Hause ihren Anrufbeantworter an und singt die Melodie darauf – damit sie sie bestimmt nicht mehr vergisst.

Nach der Arbeit mit Martin verließ sie Schweden wieder und fuhr zurück in die USA, um mit Eric Foster White in New York weiterzuarbeiten. Sie produzierten unter anderem *I Will Still Love You*, *Soda Pop* und *E-Mail My Heart*. Eine arbeitsintensive aber glückliche Zeit für Britney. Sie hatte sich noch nie gescheut, viel für ihren Traumjob zu tun. Aber diesmal musste sie einfach alles geben. Freizeit hatte sie in diesem Frühjahr fast keine. Doch Brit war so begeistert von ihrer Arbeit, dass sie die freie Zeit gar nicht so sehr vermisste. Jedenfalls war es besser, als jeden Tag die Schulbank zu drücken, dachte sich Brit. Und glücklicherweise ist das in Amerika auch kein Problem, denn Schüler können dort auch Privatunterricht nehmen. Eine Schulpflicht wie in Deutschland gibt es nicht. Ja, und niemand konnte sie so gut unterrichten wie ihre eigene Mom.

Britney: »Das schlimmste an meinem Job ist, dass ich nie genug Schlaf kriege.«

Im Anschluss an die Aufnahmen setzten sich die beiden Produzenten noch einmal an die Songs und gaben ihnen im Tonstudio den letzten Schliff. Als Britney zum ersten Mal das Endergebnis hörte, war sie total aus dem Häuschen. Die Songs klangen unglaublich perfekt! Jawohl, genau so hatte sie sich ihre Musik vorgestellt. Sie war stolz auf ihre Arbeit und gespannt, wie ihre Familie und ihre engsten Freunde darauf reagieren würden. Sie lud alle zu sich nach Hause ein und spielte ihnen die CD vor. Und auch sie waren restlos begeistert. Begeistert von Britneys Stimme, von den Songs und von ihrem Talent.

Als das Album fertigt war, begann auch schon Britneys erste Promotiontour durch die USA. Sie sollte zuerst in ihrer Heimat Amerika bekannt werden, und nicht in Deutschland beziehungsweise Europa, wie es bei den Backstreet Boys der Fall gewesen war. Ihre Plattenfirma Jive produzierte eine Website mit Fotos von ihr, einem kleinen Lebenslauf und einer Telefonnummer, bei der interessierte Musikfans anrufen und Ausschnitte aus ihren Songs hören konnten. Im Spätsommer 1998 trat sie mit zwei Tänzern zum ersten Mal live in den USA auf - vor allem in riesigen Kaufhäusern. In Deutschland kannte Britney Spears zu der Zeit noch keiner, hier gab sie ihr erstes Live-Debüt erst im Januar 1999. Ihre Auftritte in den Staaten waren so erfolgreich, dass ihr die Fans die signierten Autogrammkarten und ihre Promo-Geschenke geradezu aus der Hand rissen. Obwohl Britney damals noch gar keine Single veröffentlicht hatte, war sie den amerikanischen Popfans bereits ein Begriff.

Mit *NSYNC auf Tour

Im Oktober 1998 war es dann so weit: ... *Baby One More Time* wurde in den USA veröffentlicht. Endlich kam der lang ersehnte Zeitpunkt, an dem die Öffentlichkeit Britneys Musik hören sollte. Die Musik, an der sie im Frühjahr und Sommer so hart gearbeitet hatte. Britney war aufgeregt. Wie würde die Presse darauf reagieren? Würden die Fans sie mögen? Im November folgte der zweite Streich: Sie durfte mit *NSYNC auf Tour gehen. Was für eine Freude, JC und Justin wieder zu sehen. Sie hatte all die Jahre mit großer Begeisterung verfolgt, wie erfolgreich die beiden mit ihrer Boygroup waren. Am 17. November 1998 stand sie zum ersten Mal im Vorprogramm der Jungs auf der Bühne – und präsentierte ein 15-Minuten-Set. Britney war ein wenig unsicher, denn sie wusste, dass es für ein Mädchen schwer sein würde, das überwiegend weibliche Konzertpublikum mitzureißen. Immerhin erwarteten die Girls *NSYNC und keinen weiblichen Newcomer. Das hatte sie bei einem Konzert der Backstreet Boys, bei dem sie einmal im Publikum stand, genau gespürt: »Damals dachte ich: O Gott, hoffentlich muss ich nicht irgendwann mal vor einer Boygroup auftreten.« Aber Brit hatte schnell die

Sympathien auf ihrer Seite. Mit ihrer natürlichen Art und ihrer tollen Tanzchoreografie eroberte sie die Herzen der Fans im Sturm – die der Jungs *und* der Mädchen.

Bei diesen ersten Auftritten entwickelte Britney ein ganz besonderes Ritual: Bevor sie mit ihren Tänzern auf die Bühne ging, stellten sich alle in einem Kreis auf und sprachen ein Gebet. Britney ist sehr gläubig – und bedauert, dass sie so selten in die Kirche gehen kann, wenn sie unterwegs ist. Ihr Armband mit der Aufschrift »W.W.J.D – What Would Jesus Do?« soll sie immer an ihren Glauben erinnern. Drei Monate war sie mit den Jungs live unterwegs und tourte durch die halbe USA – ihre Reise führte sie durch Iowa, Kansas, Texas, Las Vegas und Kalifornien. Erst da wurde ihr richtig bewusst, wie berühmt ihre beiden Freunde von *NSYNC bereits waren. Wie laut die Mädchen in den ersten Reihen kreischten – das war wirklich unglaublich. Sie hatte so viel Spaß wie noch nie zuvor. Aber was könnte auch schöner sein, als einem Publikum die eigene Musik live zu präsentieren? Und was gibt es Aufregenderes, als mit zwei Freunden quer durch die Staaten zu reisen? Perfekt. Weitere tolle Reisen nach Asien und Europa folgten. Oft denkt sie lachend an ihren aufregenden Trip nach Singapur zurück: »In dieser Stadt war es so schwül, dass ich mich fünfmal am Tag duschen musste!«

Ausgerechnet als die Reisen immer länger und anstrengender wurden, musste Britney auf die Begleitung ihrer Mutter verzichten. Vorerst jedenfalls. Der Grund war ihre kleine Schwester Jamie Lynn, die zu diesem Zeitpunkt gerade einmal sieben Jahre alt war. Sie sollte eine behütete Kindheit bei und mit ihrer Familie in Kentwood haben, genauso behütet, wie Britneys auch gewesen war. Deshalb beschlossen Brit und ihre Mom, dass in Zukunft Felicia Culotta, die beste Freundin von Britneys Mutter, auf Tour dabei sein sollte. Natürlich war das nicht ganz einfach für Britney, denn schließlich ist ihre Mom mehr als »nur« eine Mutter für sie. Sie ist wie eine Freundin, der sie alles anvertrauen kann. Dennoch freute sie sich auf Felicias Begleitung, denn sie kannte sie schon seit ihrer Kindheit und hatte sie fest in ihr Herz geschlossen. Dafür telefonierte Britney eben öfter mit ihrer Familie und erzählte ihr am Telefon von all ihren Erlebnissen.

Britney: »Ich möchte lieber gar nicht wissen, wie viel Geld ich schon mit meinem Handy vertelefoniert habe!«

Die vielen Konzerte und Auftritte brachten Britney noch einen großen Schritt weiter auf der Karriereleiter: *NSYNC-Mangager Johnny Wright war von ihrem Talent so begeistert, dass er beschloss, sich ihrer anzunehmen. Er nahm sie unter seine Fittiche – zusammen mit Larry Rudolph. Britney war sehr stolz darauf, dass Wright sie so gut fand. Immerhin war er unter anderem verantwortlich für den bombastischen Erfolg der ehemaligen Boygroup New Kids On The Block.

Kurz nach dem Videodreh zu *… Baby One More Time* zog Britney für einige Zeit nach Orlando, um direkt mit Johnny Wright an ihren nächsten Auftritten und einer eigenen Show zu arbeiten. Eine große Herausforderung, mit diesem berühmten Manager an einem Strang zu ziehen!

INFO!

Die Songs

Auf ihrem Debütalbum ... *Baby One More Time* geht es um viele verschiedene Themen, die den meisten Jugendlichen aus der Seele sprechen: Britney singt über die Liebe, Freundschaften, Liebeskummer und Mädchen, die gerne Spaß haben. Obwohl sie keinen Song selbst geschrieben hat, kann sich Brit mit ihren Liedern sehr identifizieren. Hier die Facts über die einzelnen Songs:

... Baby One More Time

Songschreiber: Max Martin
Produzenten: Max Martin und Rami (Stockholm, Schweden)
Charakteristik des Songs: Eine schnelle Up-Tempo-Nummer mit Dance-Einflüssen
Inhalt des Songs: Ein Mädchen hofft, wieder mit dem Jungen zusammenzukommen, der sie verlassen hat.
Britneys Kommentar: »Dieser Song hat einen großartigen Beat – und jeder, der ihn hört, muss ihn einfach mögen!«

(You Drive Me) Crazy

Songschreiber: Jorgen Elofsson
Produzenten: Per Magnusson, David Kreuger, Max Martin (Stockholm, Schweden)
Charakteristik des Songs: Eine Mid-Tempo-Nummer, ein Spaß-Song
Inhalt des Songs: Ein Mädchen, das die ganze Zeit an einen bestimmten Jungen denken muss, singt über seine Gedanken, und wie schwer es ihm fällt, seinetwegen einzuschlafen.
Britneys Kommentar: »Ich denke, jeder weiß wie es dem Mädchen in diesem Song geht. Sie kann einfach nicht aufhören, an ihn zu denken, über ihn zu sprechen und von ihrem Traumboy zu träumen. Sie ist verrückt nach ihm.«

Sometimes

Songschreiber: Jorgen Elofsson
Produzenten: Per Magnusson, David Kreuger (Stockholm, Schweden)
Charakteristik des Songs: Eine Power-Ballade
Inhalt des Songs: Ein Mädchen fordert den Jungen ihres Herzens auf, die bisher unbekannten Seiten an ihr zu entdecken.
Britneys Kommentar: »Ich bin überglücklich, dass dieser Song meine zweite Single geworden ist.

Es ist ein ganz besonderer Song und ich glaube, dass sich jeder damit ein bißchen identifizieren kann.«

Soda Pop

Songschreiber: Mikey Bassie, Eric Foster White
Produzenten: Eric Foster White (New York)
Charakteristik des Songs: Ein lustiger Party-Song
Inhalt des Songs: Einfach nur Spaß!
Britneys Kommentar: »Ich finde, das ist der coolste Song auf dem Album. Der macht einfach gute Laune.«

Born To Make You Happy

Songschreiber: Kristian Lundin, Andreas Carlsson
Produzenten: Kristian Lundin (Stockholm, Schweden)
Charakteristik des Songs: Eine tanzbare Mid-Tempo-Nummer
Inhalt des Songs: Ein Mädchen muss lernen, ohne ihre große Liebe weiterzuleben. Sie erkennt, dass es am besten ist, ihn einfach zu vergessen.
Britneys Kommentar: »Ich liebe die Botschaft dieses Songs. Die Menschen sollen wissen, dass es immer einen Ausweg und eine Möglichkeit gibt,

weiterhin glücklich zu sein. Egal wie traurig der Moment ist.«

From The Bottom Of My Broken Heart

Songschreiber: Eric Foster White
Produzenten: Eric Foster White (New York)
Charakteristik des Songs: Ballade
Inhalt des Songs: Ein weiterer Song über das Verlassenwerden. Ein Mädchen ist verzweifelt. Sie möchte, dass ihr Freund zu ihr zurückkehrt – denn er ist ihre einzige und wahre Liebe.
Britneys Kommentar: »Ein sehr trauriger Song, der mir nahe geht.«

I Will Be There

Songschreiber: Max Martin, Andreas Carlsson
Produzenten: Max Martin und Rami (Stockholm, Schweden)
Charakteristik des Songs: Langsame bis schnelle Nummer
Inhalt des Songs: Diese »Liebeserklärung« könnte für eine große Liebe genauso stehen wie für den/die beste/n Freund/in – das Mädchen in dem Song will einfach nur sagen: »Ja, ich bin für dich da, egal was passiert!«

Britneys Kommentar: »Das ist das Schönste, was man zu einem besten Freund oder einer Freundin sagen kann.«

I Still Love You

Songschreiber: Eric Foster White
Produzenten: Eric Foster White (New York)
Charakteristik des Songs: Power-Ballade
Inhalt des Songs: Ein Liebesduett zwischen Britney und dem Sänger Don Philip
Britneys Kommentar: »Es hat mir wahnsinnig viel Spaß gemacht, mit Don zu singen. Ich finde, unsere Stimmen passen perfekt zueinander.«

Deep In My Heart

Songschreiber: Eric Foster White
Produzenten: Eric Foster White (New York)
Charakteristik des Songs: Power-Mid-Tempo-Song
Inhalt des Songs: Ein zarter Lovesong mit emotionaler Power
Britneys Kommentar: »Dieser Song ist ganz speziell für meine europäischen Fans! Auf dem US-Album ist das Lied nicht erschienen.«

Thinkin' About You

Songschreiber: Mikey Bassie, Eric Foster White
Produzenten: Eric Foster White (New York)
Charakteristik des Songs: Mid-Tempo-Nummer
Inhalt des Songs: Wieder kann ein Mädchen nicht aufhören, an ihren Liebsten zu denken.
Britneys Kommentar: »Ich singe gerne über Beziehungen. Weil ich momentan so viel unterwegs bin, weiß ich allerdings schon gar nicht mehr, wie das ist, die ganze Zeit an jemanden zu denken …«

E-Mail My Heart

Songschreiber: Eric Foster White
Produzenten: Eric Foster White (New York)
Charakteristik des Songs: Eine Mid-Tempo-Nummer, die sich bestens zum Tanzen eignet
Inhalt des Songs: Das kennst du bestimmt: Du schickst eine E-Mail an einen ganz lieben Menschen – und wartest sehnsüchtig auf Antwort …
Britneys Kommentar: »Jeder, der einen Computer hat, weiß wovon ich singe.«

The Beat Goes On

Songschreiber: Sonny Bono
Produzenten: Eric Foster White (New York)
Charakteristik des Songs: Eine funky Nummer, Coverversion
Inhalt des Songs: Dieser Song war ein Riesenhit für Sonny und Cher Ende der 60er Jahre. Der Song sagt einfach: »Die Zeit vergeht – na und?«
Britneys Kommentar: »Ich mag das Original total gerne.«

INFO!

Britney all over the world!

Britneys Debütalbum wurde mittlerweile auf der ganzen Welt veröffentlicht. Wenn du deine Britney-CD-Sammlung mit ausländischen Produkten vervollständigen willst, solltest du dich in einem Plattenladen um einen Import kümmern. Hier die Track-Listen der verschiedenen Veröffentlichungen rund um den Globus:

Album USA

1) ... Baby One More Time
2) (You Drive Me) Crazy
3) Sometimes
4) Soda Pop
5) Born To Make You Happy
6) From The Bottom Of My Broken Heart
7) I Will Be There
8) I Will Still Love You (Duet with Don Philip)
9) Thinkin' About You
10) E-Mail My Heart
11) The Beat Goes On

Achtung: Erweiterte CD (PC-Version mit Interviews)

Album Japan

1) ... Baby One More Time
2) (You Drive Me) Crazy
3) Sometimes
4) Soda Pop
5) Born To Make You Happy
6) From The Bottom Of My Broken Heart
7) I Will Be There
8) I Will Still Love You (Duet with Don Philip)
9) Deep In My Heart
10) Thinkin' About You
11) E-Mail My Heart

12) The Beat Goes On
13) I'll Never Stop Loving You
14) Autumn Goodbye
15) ...Baby One More Time (Davidson Ospina Mix)
16) ...Baby One More Time (Boy Wunder Radio Mix)

Achtung: Dieses Album beinhaltet eine Bilderbeilage und Songtexte zu allen Songs.

Album Australien

1) ...Baby One More Time
2) (You Drive Me) Crazy
3) Sometimes
4) Soda Pop
5) Born to Make You Happy
6) From the Bottom of My Broken Heart
7) I Will Be There
8) I Will Still Love You (Duet with Don Philip)
9) Deep In My Heart
10) Thinkin' About You
11) E-Mail My Heart
12) The Beat Goes On
13) I'll Never Stop Loving You
14) ...Baby One More Time (Davidson Ospina Radio Mix)

Achtung: Erweiterte CD (PC-Version mit Interviews)

Album Taiwan

1) ... Baby One More Time
2) (You Drive Me) Crazy
3) Sometimes
4) Soda Pop
5) Born To Make You Happy
6) From The Bottom Of My Broken Heart
7) I Will Be There
8) I Will Still Love You (Duet with Don Philip)
9) Deep In My Heart
10) Thinkin' About You
11) E-Mail My Heart
12) The Beat Goes On
13) I'll Never Stop Loving You
14) ... Baby One More Time (Davidson Ospina Mix)

Achtung: Diese CD beinhaltet eine Backstreet-Boys-Promo-CD-Minidisc, auf der drei Remixe bekannter BSB-Songs sowie Promo Tracks zu anderen BSB-Songs zu finden sind. Außerdem wird diese CD mit einer Bilderbeilage, einer Halskette, einer taiwanischen Britney Trading Card und einer Backstreet Boys Trading Card ausgeliefert.

»... Baby One More Time« - Rekordverdächtig

19. Januar 1999, genau eine Woche nachdem Britneys Album in Amerika erschienen war: Diesen Tag wird sie ihr Leben lang nicht vergessen. Denn am Nachmittag dieses Tages rief der Präsident ihrer Plattenfirma bei ihr zu Hause an. Er wollte sie persönlich sprechen. Britneys Album und ihre gleichnamige Single ... *Baby One More Time* waren zeitgleich auf Platz 1 der amerikanischen Billboard-Charts gelandet – das war eine Sensation für eine Newcomerin! Dabei war Britney schon über die Platzierung ihrer Single in den 50er Rängen der Charts überglücklich gewesen. Mehr hatte sie sich nicht im Traum erhofft. Mit ihren gerade mal 17 Jahren war Britney damit nicht nur die jüngste, sondern auch die einzige weibliche Sängerin, die das bisher geschafft hatte. Ein fantastischer Erfolg! Das bedeutete, dass Millionen von Menschen ihre Musik kaufen und mögen! Dass sie über Nacht berühmt geworden war! Und dass ihr Traum endlich in Erfüllung gegangen war. Doch es kam noch besser: Auch ihr erstes Video zur Single ... *Baby One More Time* wurde in kür-

zester Zeit zum meistgewünschten Clip auf *MTV* in den USA.

Die Kritiker überschlugen sich bei der Bewertung von Britneys Album. Große amerikanische Musikmagazine lobten ihre tolle Stimme und die Ohrwurmqualität ihrer Songs. Einige verglichen Britney sogar mit der Königin des Pop – Madonna. Und das war für Britney eine Ehre, denn Madonna ist eines ihrer großen Vorbilder im Musikgeschäft.

INFO!

Stimmen aus der Presse

»Dieses Mädchen ist mit einer süßen Stimme gesegnet und trifft genau den Nerv der Teenies.«

Billboard Magazine

»Diese 17-jährige Disney-Prinzessin klingt so wundervoll wie Whitney Houston, dass es fast beängstigend ist.«

Entertainment Weekly

»Britney ist der erste Star des Jahres 1999. Ein neues Teenie-Idol, das mit ihrem natürlichen Charme alle Herzen erobern wird.«

USA Today

Auf den Titelseiten deutscher Teenie- und Musikzeitschriften wie *BRAVO*, *Popcorn* oder *Top Of The Pops* ist Brit mittlerweile Stammgast. Mit einer solch starken Resonanz hatte sie nun wirklich nicht gerechnet. Ihr Leben veränderte sich mit einem Schlag: Sie ging wie jeden Tag in den Supermarkt – und wurde plötzlich erkannt. Fans baten sie um Autogramme, die Boulevardpresse fand jede Woche eine neue Schlagzeile, in der Britney eine Rolle spielte. Ihr Leben schien sich plötzlich so schnell wie ein Karussell zu drehen. Der amerikanische Traum war wahr geworden: Über Nacht zum Star! Brit liebt ihre Fans und ist sehr geduldig, wenn es um Fragen und Wünsche geht. In ihrer Heimatstadt Kentwood schlagen Fans sogar ihre Zelte auf, in der Hoffnung, Britney zufällig zu treffen – und begrüßen sie mit »Britney, we love you!«-Plakaten. Brit: »Wir mussten uns eine Geheimnummer beschaffen, weil plötzlich jede Sekunde das Telefon klingelte.« Ihr Debütalbum hat sich weltweit über 20 Millionen Mal verkauft.

Als Britney dann ihre Amerikatour startete, war ihre Erfolgsgeschichte perfekt. Für ihre erste Solotour im Sommer 1999 hatte sie sich etwas Besonderes einfallen lassen: Die Bühne glich einem Klassenzimmer, der Beginn der Show einer Unterrichtsstunde. Ihre sechs Tänzer und sie saßen artig auf ihren Plätzen und wurden von der Lehrerin nacheinander aufgerufen. Als Britney an der Reihe war, fehlte sie. Plötzlich ging ein helles Spotlight auf der Bühne an und leuchtete direkt auf sie. Die Fans waren begeistert und feierten ihre neue Popqueen mit »Britney, Britney«-

Britney: »Die Fans in Europa sind völlig anders als in Amerika. Deutsche und Spanier sind am hysterischsten.«

Sprechchören. Im Herbst 2000 wird sie auch die deutschen Fans mit einer atemberaubenden Show verzaubern.

INFO!

Britney on Tour

Britney liebt es, live auf der Bühne zu stehen. Mit einer ausgedehnten Tour sind allerdings auch viel Stress und anstrengende Reisen verbunden. Anhand ihres großen US-Tourplans kannst du sehen, wie »busy« Britneys Leben geworden ist:

15.6.00 Charlotte, NC Blockbuster Pavilion; 16.6.00 Raleigh, NC Alltel Pavilion; 17.6.00 Virginia Beach, VA Virginia Beach Amphitheatre; 18.6.00 Manassas, VA Nissan Pavilion; 20.6.00 Baltimore, MD Merriweather Pavilion; 21.6.00 Hartford, CT Meadows Music; 24.6.00 Hershey, PA Hershey Park Stadium; 27.6.00 Wantagh, NY Jones Beach; 28.6.00 Wantagh, NY Jones Beach; 2.7.00 Holmdel, NJ PNC Arts Center; 3.7.00 Holmdel, NJ PNC Arts Center; 5.7.00 Camden, NJ E Center; 7.7.00 Chicago, IL New World Music Theater; 8.7.00 Milwaukee, WI Marcus Amphitheatre; 9.7.00 Detroit, MI Pine Knob; 16.7.00 St. Louis, MO Riverport Amphitheatre; 17.7.00 Kansas City, KS Sandstone Amphitheatre; 19.7.00 Dallas, TX Starplex; 20.7.00 San Antonio, TX Alamodome; 21.7.00 Houston, TX Cynthia Woods; 26.7.00 Denver, CO Red Rocks; 27.7.00 Albuquerque, NM Mesa Del Sol; 28.7.00 Phoenix, AZ Blockbuster Desert Sky; 29.7.00 Irvine, CA Irvine Meadows; 31.7.00 Los Angeles, CA Hollywood Bowl; 1.8.00 Concord, CA Concord Amphitheatre; 3.8.00 San Diego, CA San Diego Sports Arena; 4.8.00 Las Vegas, NV MGM Grand; 6.8.00 Sacramento, CA Sacramento Valley Amphitheatre; 8.8.00 Mountain View, CA Shoreline Amphitheatre; 10.8.00 Portland, OR Rose Garden Arena; 11.8.00 Seattle, WA The Gorg; 14.8.00 Salt Lake City, UT Delta Center; 21.8.00 Pittsburgh, PA Star Lake Amphitheatre; 28.8.00 Boston, MA Tweeter Center; 3.8.00 Saratoga, NY SPAC; 31.8.00 Cleveland, OH Gund Arena; 1.9.00 Cincinnati, OH Riverbed Amphitheatre; 2.9.00 Indianapolis, IN Deer Creek; 3.9.00 Columbus, OH Polaris Amphitheatre; 5.9.00 Nashville, TN First American Music Center; 6.9.00 Atlanta, GA Lakewood Amphitheatre; 9.9.00 Orlando, FL Orlando Arena: 10.9.00 West Palm Beach Coral Sky Amphitheatre

INFO!

Britneys CD-Verkäufe in Deutschland

... Baby One More Time : über 1 Million Mal verkauft – eine Platin- und drei Gold-Auszeichnungen
Sometimes : über 250.000 Mal verkauft – eine Gold-Auszeichnung
(You Drive Me) Crazy : über 320.000 Mal verkauft – eine Gold-Auszeichnung
Born To Make You Happy : über 70.000 Mal verkauft – eine Gold-Auszeichnung
Album – CD: über 560.000 Mal verkauft – eine Platin- und drei Gold-Auszeichnungen

Veröffentlichungen von Britneys Singles in Deutschland:

... Baby One More Time – 08.02.1999
Sometimes – 07.06.1999
(You Drive Me) Crazy – 13.09.1999
Born To Make You Happy – 06.12.1999
Oops!... I Did It Again – 25.04.2000

Veröffentlichungen von Britneys Alben in Deutschland:

... Baby One More Time – 08.03.1999
Oops!... I Did It Again – 15.05.2000

INFO!

Preise und Auszeichnungen

Kaum eine wichtige Preisverleihung verläuft seit 1999 ohne Britney. Immer wieder werden ihre Leistung und ihr Talent honoriert.

Billboard Awards – USA

Bei den *Billboard Awards* lieferte sich Britney mit ihren Labelkollegen, den Backstreet Boys, ein heißes Kopf-an-Kopf-Rennen um die begehrten amerikanischen Trophäen. Wie ihre Kollegen ging sie am Ende des Abends glücklich mit vier Auszeichnungen nach Hause. Folgende Preise wurden der neuen »Queen of Pop« verliehen:

- Female Artist Of The Year
- New Artist Of The Year
- Female Albums Artist Of The Year
- Female Hot 100 Singles Artist Of The Year

MTV-Awards – Europa

Bei den *MTV-Awards* 1999 in Dublin wurde Britney ebenfalls viermal mit dem beliebten Preis ausgezeichnet! Als »Best Female Performer«, »Best Breakthrough Artist«, für den »Besten Song« und als »Best Pop Act«. Zu dieser Zeit war Britney noch süße 17 Jahre alt. Sie wechselte während der Veranstaltung dreimal ihr Outfit: Bei ihrer Ankunft trug sie silberne Hot Pants, während ihres Auftritts eine schwarze Lederhose mit einem langen, weiten roten Rock darüber und zur Pressekonferenz erschien sie in schwarzer Satinhose und ärmellosem schwarzem Stricktop. Ihren Erfolg feierte sie übrigens in kleinem Kreise. Brit war überwältigt: »Ich wusste gar nicht, dass ich nominiert war, und mit einem Preis hatte ich schon gar nicht gerechnet!«

Smash Hits – Großbritannien

Auch bei der britischen *Smash Hits Poll Winners Party* stand Britney erneut im Mittelpunkt des Geschehens und freute sich über die Auszeichnungen als ›Best Female Solo Star‹ und ›Most Fanciable Female‹.

Teen Choice Award – USA

In Santa Monica, Kalifornien, wurde Britneys Debüthit ... *Baby One More Time* mit dem Preis ausgezeichnet, der von dem US-Magazin *Seventeen* ausgeschrieben worden war. Weitere Gewinner waren: Ihre Freunde von *NSYNC, die Backstreet Boys und Monica. Außerdem konnte Britney an diesem Abend mit einem *American Music Award* nach Hause gehen.

Otto – Deutschland

Die Leser der Jugendzeitschrift *BRAVO* zeichneten Britney mit dem *Goldenen Otto-Award* in der Kategorie »Beliebteste Sängerin« aus - und auch ein *Comet- und Popcorn-Award* gehörten ihr. Spätestens jetzt war klar: Britney hatte nicht nur die Herzen der amerikanischen Fans im Sturm erobert, sondern auch die der deutschen.

Britneys Videoclips

»But you smile and the words they tell me
quickly disappear
You speak and there's no other voice that I can hear«

Thinkin' About You

Spaß bei
»... Baby One More Time«

Kurz nach ihrer Tour mit *NSYNC war es so weit: Britneys erstes Video sollte gedreht werden. Für Brit kein Problem, denn Kameraerfahrung hatte sie ja mittlerweile genug. Es sollte ein fröhliches Video voller Power werden. Eines, dessen Idee in den Köpfen der Fans hängen bleibt. Jive Records beauftragte einige bekannte Regisseure, sich ein »Treatment« auszudenken - so nennt man die Idee für ein Video. Der Vorschlag, einen comicartigen Clip zu produzieren, fand Britney zwar lustig, aber unpassend. Schließlich wollte sie auch Gleichaltrige mit ihrer Musik ansprechen - und nicht nur Kleinkinder. Sie wollte in ihrem Video so rüberkommen, wie sie wirklich ist: frech und süß, aber auch sexy und auf dem Weg zur Frau. Der britische Videoregisseur Nigel Dick, der bereits *As Long As You Love Me* von den Backstreet Boys und Videos für Oasis und Savage Garden gedreht hatte, lieferte die beste Idee: Britney als sexy Schulmädchen auf dem Campus!

Britney war hingerissen. Der Clip wurde an der *Rydell High School* in Kalifornien gedreht, wo auch der Film

Grease entstanden ist. Der Dreh war harte Arbeit, die sich aber lohnte: Der Clip wurde, schon kurz nachdem er auf Sendung ging, einer der beliebtesten überhaupt und lief nonstop auf allen wichtigen Musiksendern wie *VIVA* oder *MTV*. Britneys Lieblingsmoment in diesem Video ist die Schlussszene, wenn alle gemeinsam in der Sporthalle tanzen. Diese Szene hat so viel Energie wie Brit selbst. Und ihr Look löste eine regelrechte Modewelle aus: Plötzlich kleideten sich immer mehr Girls wie sie – kurzer Mini-Rock, Bluse, Krawatte und die Haare zu Zöpfen geflochten. Ziemlich sexy! Es dauerte gar nicht lange, da meldeten sich die ersten Kritiker in den USA zu Wort und fragten: »Ist Britney zu sexy?« Auch der Text von ... *Baby One More Time* wurde nun scharf unter die Lupe genommen. Britney löste das Rätsel auf und erklärte: »›Hit me, Baby‹ heißt einfach nur ›Gib mir ein Zeichen‹ und ist nichts Anstößiges!«

Pech bei »Sometimes«

Am 11. Februar 1999 folgte der nächste Streich: Die Dreharbeiten für den Videoclip zu Britneys zweiter Single *Sometimes* begannen. Sie trainierte die komplizierten Tanzschritte ihrer Choreografie. Eine außergewöhnliche Tanzfigur erforderte, daß sie mit ganzer Kraft in die Höhe sprang – und da passierte es: Britney landete unsanft auf ihrem Po. Sie dachte zuerst, dass es schon nicht so schlimm sei, und stand tapfer wieder auf. Doch sie konnte nicht weitertanzen, die Schmerzen waren einfach zu groß. Was war passiert? Britneys Knie war verdreht! Sie suchte sofort einen Arzt auf und nach diversen Röntgenaufnahmen und Untersuchungen war klar: Die Aufnahmen zum Clip mussten unterbrochen werden. Britney war für drei Wochen außer Gefecht gesetzt.

In einem kleinen Apartment in Kenner (ein Vorort von New Orleans) erholte sie sich und machte täglich Aufbautraining mit ihrem Physiotherapeuten. Eine schwierige Situation für die quirlige Britney. Immer nur auf der Couch liegen, das Bein hochhalten und sich möglichst nicht bewegen – das stimmte Brit ziemlich traurig. Ihre Mom spendete ihr aber so gut es ging Trost. Sie besorgte ihrer kranken Tochter das Video von *Joe Black*. Brit schaute sich den Film bestimmt zehnmal in dieser Zeit an. Dieser kleine Zeitvertreib half ihr auch ein wenig darüber hinweg, dass sie viele Auftritte absagen musste – unter anderem bei einigen Shows in Deutschland, wie der *BRAVO Super Show*.

Nach einer Woche wollten die Schmerzen aber noch immer nicht nachlassen. Auf Anraten ihrer Eltern ließ sie sich ein weiteres Mal untersuchen. Und wie sich später herausstellte, war das eine gute Entscheidung. Ein Spezialist entdeckte nämlich ein abgesplittertes Knochenstück direkt unter ihrer Kniescheibe. Britney musste sofort operiert werden. Sie hatte zum ersten Mal in ihrem Leben richtig Angst. Denn mit Knieverletzungen ist nicht zu spaßen. Wenn die Operation nicht gut verläuft, können Langzeitschäden zurückbleiben. Das wäre für Britney natürlich ganz besonders schlimm gewesen. Es hätte nämlich bedeutet, dass sie nicht mehr so ausgelassen wie früher hätte tanzen können. Doch Britney hatte einen Schutzengel und überstand die Operation gut. Vier Wochen lag sie danach im Bett und musste täglich vier Stunden lang eine schmerzhafte Therapie über sich ergehen lassen. Während dieser Zeit war ihre größte Angst: Wenn weitere Komplikationen entstehen, würde sie bestimmt nicht auf Tour gehen können …

Britney: »Ich brauche nicht viel, um glücklich zu sein. Ein Fernseher, ein guter Videofilm und Popcorn reichen mir.«

Aber Gott sei Dank lief alles gut, die Wunden verheilten und Mitte April 1999 wurde das Video schließlich doch noch gedreht. Vor der traumhaften Kulisse von Malibu Beach in Los Angeles wirbelte Britney mit zehn Tänzern auf einem Pier. Dort wurden übrigens auch die Aufnahmen zu *Baywatch* gemacht.

Die Story des Videos ist so romantisch wie der Song selbst: Im schneeweißen Outfit trifft Brit auf ihren Traumboy. Sie schaut ihm tief in die Augen, der Junge sieht schüchtern weg. Schließlich ergreift Britney die Initiative und geht auf ihn zu. Liebe auf den ersten Blick! Die beiden laufen Hand in Hand am Strand entlang und turteln heftig. Eine wunderbare Lovestory.

Dieser Clip sorgte allerdings nicht wegen seiner Romantik für Wirbel, sondern wegen etwas ganz anderem: Britneys Busen! Er wirkte in diesem Clip viel fülliger als noch vor ein paar Monaten. Schnell spekulierte die Presse: Hat sich Brit ihren Busen operieren lassen? Immerhin war sie zu diesem Zeitpunkt erst 17! Sie selbst wollte dazu nie eindeutig Stellung nehmen, sprach sich aber nicht prinzipiell gegen Schönheitsoperationen aus. Wieder war Britney Tagesgespräch und füllte sämtliche Zeitungen und Zeitschriften …

Party bei »(You Drive Me) Crazy«

Die Dreharbeiten zu Britneys dritter Single *(You Drive Me) Crazy* liefen um einiges ruhiger ab. Weil dieses Lied auch Titelsong des US-Kinofilms *Drive me crazy* werden sollte, spielte die Hauptdarstellerin Melissa Joan Harts (bekannt aus *Sabrina … total verhext*) auch in Britneys Video mit. Die beiden feierten im Clip eine große Party und verstanden sich auch privat blendend. Ein schrilles, buntes Video, passend zum schnellen Beat und zum Text des Songs. Und auch hier musste Britney wieder alles geben: Die schwierige Choreographie studierte sie in nur drei Wochen ein.

Romantik bei »Born To Make You Happy«

Dieser Lovesong sollte die vierte und letzte Singleauskopplung aus dem ersten Album für den europäischen Raum werden. Besonders auffällig war in diesem Video Britneys weibliches Auftreten und ihr schillerndes Outfit – sie war um einiges erwachsener geworden als noch bei … *Baby One More Time*! Auf einem großen Podest tanzte sie mit ihrer zehnköpfigen Tanzcrew zu den ruhigen Beats des Songs, gekleidet in einem ärmellosen roten Lack-Oberteil und einem sexy schwarzen Lederrock.

Schauspiel in »From The Bottom Of My Broken Heart«

In den USA wählte man als letzte Single des Debütalbums den Song *From The Bottom Of My Broken Heart*. Das dazugehörige Video ist das erste, in dem Britney nicht tanzt, sondern nur schauspielert! Die Nebendarsteller, die Brits Eltern spielen, hatte sie persönlich ausgesucht. Sie selbst spielt in dem Clip ein Mädchen, das auf eigenen Beinen stehen will und von zu Hause auszieht. Eine Entscheidung, die ihr auch privat nicht leicht gefallen ist – denn wenn man diesen Schritt einmal gewagt hat, verlässt man damit seine Familie und seine Freunde. Im Video trennt sich Brit deswegen auch von ihrem Freund. Ein traurig-romantischer Streifen, der leider nur in den USA zu sehen ist. Seit diesem Clip hat Britney mehr als 30 Filmangebote erhalten. Kein Wunder, in ihr stecken nämlich auch tolle schauspielerische Fähigkeiten. Unter anderem bekam sie das Angebot, in einer Neuverfilmung des erfolgreichen Tanzfilms *Dirty Dancing* (im Original mit Patrick Swayze und Jennifer Grey) mitzuspielen.

Unfall bei »Oops! ... I Did It Again«

Und schon wieder passierte ein Unfall! Videodrehs scheinen nicht gerade zu Britneys glücklichsten Unternehmungen zu zählen. Während der Aufnahmen des Clips zur Single *Oops!... I Did It Again* aus ihrem zweiten Album, schlitterte Britney wie bei *Sometimes* knapp an einer Katastrophe vorbei: Völlig unvermittelt fiel ihr eine Kamera auf den Kopf. Britney war total schockiert, ihr Kopf blutete und schmerzte. Gut, dass ein Arzt vor Ort war, der ihr sofort riet, sich hinzulegen. Doch tapfer und ehrgeizig wie sie nun einmal ist, stand sie schon nach wenigen Minuten wieder vor der Kamera. Sie zog die restlichen Dreharbeiten, die bis Mitternacht dauerten, durch. Am nächsten Tag war sie total ausgepowert - und schlief 17 Stunden lang. Ihre Mom, die nicht vor Ort war, machte sich große Sorgen. Doch bereits am darauf folgenden Tag hatte Brit den Schock überwunden. Lediglich das Pflaster an ihrer Schläfe erinnerte sie noch an den gefährlichen Vorfall. Tapfere Britney!

INFO!

Lynnes Briefe an die Fans

Auf der Internetseite www.britneybeat.com schilderte Britneys Mutter Lynne in einem Brief, wie es ihrer Tochter während der schwierigen Tage des *Oops!* … -Videodrehs ergangen war. Anhand dieser Zeilen kannst du erkennen, wie intensiv Brits Verhältnis zu ihrer Mom ist. Diese Art von persönlichem »Tagebuch« findest du übrigens in unregelmäßigen Abständen unter oben genannter Adresse.

INFO!

Britney Spears: *Time Out With*

Möchtest du Britney live im eigenen Wohnzimmer sehen? Kein Problem! *Time Out With* ist ein 53-Minuten-Video, erschienen bei Jive Records (Bestellnummer: 922 00 65). Es zeigt Ausschnitte aus Brits TV-Konzert, das sie für den US-Sender *Disney Channel* gegeben hat. Außerdem gibt es Making-of-Berichte über ihre Clipdrehs und ein Interview, in dem sie viele Anekdoten aus ihrer Kindheit erzählt. Für echte Fans!

Berühmt wie Britney: Hast auch du das Zeug zum Star?

Klar, jeder wäre gerne ein Star, aber nur wenige bekommen wirklich eine Chance. Dieser kleine Test verrät dir, in welchen Situationen du wie Britney reagieren würdest und ob du eventuell sogar das Zeug hättest, in Britneys Fußstapfen zu treten. Die Auflösung findest du im Anschluss an die folgenden zehn Fragen. Viel Spaß!

1. Britney wurde bei ihrer ersten Bewerbung im *Mickey Mouse Club* abgelehnt. Warum, glaubst du, hat sie es später doch geschafft?

a Mit Selbstbewusstsein, Power und Ausdauer
b Sie hatte die richtige Portion Glück
c Weil sie an ihr Talent geglaubt hat

2. Für eine Karriere im Musikbusiness muss man in privaten Dingen manchmal zurückstecken. Auf was glaubst du, würde Britney nie verzichten?

a Auf ihre Freunde
b Auf ihre Familie
c Auf einen festen Partner

Natürliches Make-up, fröhliches Lächeln – das sind Britneys Markenzeichen. Foto: action press/All Action

Britney noch mit ganz langem Haar – so startete sie 1998 durch.

Britney ganz verträumt – sie ist ein romantischer Typ und setzt ganz auf die wahre Liebe. Foto: action press/Visual

Brit liebt Disney! Als ehemalige Moderatorin des *Mickey Mouse Clubs* kennt sie Disney World genau. Foto: action press/Photolink

Ein echtes Sonnenkind: Britney beim Relaxen in Malibu.

Mit ihrer sexy Bühnenshow verzaubert Brit Millionen von Fans.
Foto: action press/All Action

Keine Preisverleihung ohne Britney: Bei den *MTV-Awards* in Dublin wurde sie viermal ausgezeichnet. Foto: action press/All Action

Brit beim Videodreh zu *Sometimes*: Wegen ihrer Knieverletzung klappten die Aufnahmen erst beim zweiten Anlauf.

Britney im neuen Glamour-Look 2000: Aus dem süßen Girl ist eine sexy Lady geworden.

3. Wow - einmal wie Britney auf der Bühne stehen! Willst du dir diesen Traum einmal erfüllen?
a Klar, ich will so berühmt werden wie Britney
b Ich würde gerne, aber das klappt bestimmt nicht
c Da sind mir andere Dinge wichtiger

4. Welche Charaktereigenschaften ordnest du Britney zu?
a Einfühlsam und treu
b Ehrgeizig und diszipliniert
c Verträumt und kindlich

5. Du wirst auf der Straße von einem Film-Casting-Team angesprochen. Wie reagierst du?
a Ich fühle mich überrumpelt und ergreife die Flucht
b Ich höre mir an, was die von mir wollen
c Super! Auf diese Chance habe ich schon immer gewartet

6. Britney steht gerne im Rampenlicht der Öffentlichkeit. Privat nimmt sie sich aber lieber zurück. Wie ist das bei dir?
a Ganz ehrlich, ich stehe immer gerne im Mittelpunkt
b Meine Freunde sind mir wichtiger, als ich es mir selbst bin
c Ich bin wie ich bin, da mache ich mir keine Gedanken

7. Du bekommst die Chance, bei einem Songwettbewerb aufzutreten. Tust du's?

a Logo, das bringt sicher eine Menge Fun

b Hoffentlich blamiere ich mich nicht

c Nur, wenn es ein harmloser Karaokewettbewerb oder so was ist

8. Deine Freundin bekommt eine Rolle in einer Soap. Was denkst du?

a Ich könnte das viel besser als sie

b Was sie schafft, schaffe ich auch

c Ich freue mich für sie, aber für mich wäre das nichts

9. Stell dir vor, du spielst mit deiner Gitarre bei einem Wettbewerb vor. Plötzlich reißt eine Saite. Wie reagierst du?

a Ich würde die Gitarre aus Wut zerschlagen

b Ruhe bewahren! Ich tausche die Saite schnell aus und mach weiter

c Bestimmt würde ich vor Scham in Grund und Boden versinken

10. Ein Freund will dich überzeugen, mit ihm einen Tanzkurs zu machen. Bist du dabei?

a Ja, gerne! Ich liebe tanzen über alles

b Das ist mir zu anstrengend

c Ich singe lieber, tanzen ist nicht so mein Ding

Auflösung: Berühmt wie Britney: Hast auch du das Zeug zum Star?

1. Wenn du (a.) oder (b.) getippt hast, bist du voll auf Britneys Wellenlänge. Denn beide Antworten entsprechen ihrem Denken. Natürlich gehört eine Portion Glück dazu, aber Britneys größtes Erfolgsgeheimnis ist ihr Glaube an ihre Kraft und ihr Talent. Außerdem ist sie sehr diszipliniert und geht selbstbewusst an ihre Aufgaben.
2. Obwohl es manchmal schwer ist, würde Britney am ehesten auf einen festen Freund (c.) verzichten. Sie ist so viel unterwegs, dass eine harmonische Beziehung fast unmöglich ist. Worauf sie jedoch nie verzichten würde, sind ihre Familie (a.) und ihre Freunde (b.). Mit ihnen hält sie ständig Kontakt - egal, auf welchem Fleck der Erde sie sich gerade befindet.
3. Britneys Erfolg rührt zum Großteil von ihrem Selbstvertrauen her. Wenn du berühmt werden willst, musst du auch daran glauben! Antwort (a.) zeigt, dass du die nötigen Ambitionen hast, (b.) und (c.) dagegen eher nicht.
4. Wenn es um das Musikgeschäft geht, ist Britney in erster Linie ehrgeizig und diszipliniert (b.), Einfühlsamkeit spielt mehr in ihrem Privatleben eine Rolle, ebenso wie Verträumtheit.
5. So ein Casting könnte deine große Chance sein! Britney hätte diese Chance auf jeden Fall ergriffen, sich aber vorher genau informiert, um

was es geht (b.). Also: Nicht überrumpeln lassen und klaren Kopf behalten.

6. Erfolg ist nicht mit Egoismus zu verwechseln! Wer gerne im Rampenlicht steht, ist noch lange kein Einzelgänger und geht anderen mit seinem Mittelpunktsgehabe auf die Nerven. Deshalb: Sei, wie du bist, und drängle dich nicht immer in die erste Reihe (c.).
7. Spaß (a.) ist die beste Motivation. Hätte Britney nicht so viel Spaß bei allem, was sie tut, wäre sie garantiert nicht so erfolgreich! Und zerbrich dir bloß nicht deinen Kopf darüber, ob du dich blamieren könntest (b.) - jeder hat einmal klein angefangen (c.).
8. Neid (a.) oder Selbstüberschätzung bringen dich auf deiner Erfolgsleiter nicht weiter! Freue dich, wenn andere Erfolg haben, schließlich kannst du von ihnen auch etwas dazulernen. Und wenn die beste Freundin etwas schafft, dann kann die Freude darüber die beste Motivation sein (c.)!
9. Das kann jedem mal passieren und sollte weder Grund zur Peinlichkeit (c.) noch zur Wut sein (a.). In der Ruhe liegt die Kraft - das ist in vielen Dingen auch Britneys Motto.
10. Spontaneität ist im Showgeschäft ganz wichtig. Sag ruhig zu, wenn dich jemand fragt, mit ihm etwas Neues zu lernen (a.). Und wenn es dir keinen Spaß macht, kannst du dich noch immer für etwas anderes entscheiden! (c.)

Brit privat - Wie ist sie wirklich?

»When you need someone
Just turn around
And I will be there«

I Will Be There

Britneys Charakter

Der größte Traum eines jeden Fans ist es, Britney einmal persönlich kennen zu lernen. Ihr direkt gegenüber zu stehen, mit ihr zu sprechen, mit ihr vielleicht sogar einen ganzen Nachmittag zu verbringen. Bestimmt hast auch du dir schon vorgestellt, wie es wohl sein würde, ihr zu sagen, wie toll du sie findest, oder ihr einfach nur die Hand zu schütteln. Sicher hättest du genauso starkes Herzklopfen wie Britney, wenn sie berühmten Schauspielern oder Musikern gegenübersteht.

Wie bei allen anderen Stars, die im Rampenlicht stehen, fragen sich auch bei Britney viele: Ist Brit wirklich so, wie wir sie aus den Zeitschriften kennen? Ist sie genau das Mädchen, das wir immer wieder im Fernsehen sehen?

Nun, Britney wusste schon von frühster Jugend, was sie wollte. Sie träumte davon, als Sängerin Erfolg zu haben. Und bis dieser Traum in Erfüllung ging, arbeitete sie hart. Schon als Kind hatte Brit die Gabe, andere mit ihrem Selbstbewusstsein zu beeindrucken. Sie nahm an vielen Wettbewerben teil, trainierte täglich, übte ihre Tanzschritte, schulte ihre Stimme – und überzeugte ihre Eltern, dass es ihr wirklich ernst ist. Neben ihrem großen Talent ist Britney aber auch sehr diszipliniert und willensstark. Das sind typische Eigenschaften eines Schützen - ihr Sternzeichen. Zudem sind viele Schützen sehr kreativ und haben Entdeckergeist, so wie Britney auch. Das hat ihre Mom schon früh zu spüren bekommen - Lynne kann sich noch sehr genau daran erinnern, wie Britney als Dreijährige ihre Schminkexperimente im Schlafzimmer ihrer Eltern durchführte.

Das wichtigste an ihrer Karriere ist, dass Britney nie den Spaß an der Sache verloren hat. Sie ist ein sehr fröhlicher Typ, lacht gerne aus vollem Herzen und ihre ehrlichen großen Augen blitzen, wenn sie glücklich ist. Sie hat eine ausgeprägte Mimik und jeder kann an ihrem Gesicht ablesen, wie es ihr geht. Britney ist ein sehr optimistischer Mensch und steckt mit ihrer ausgelassenen Art und ihrer Fröhlichkeit andere Menschen an. Und bei allem, was sie tut, bewahrt Britney ihre mädchenhafte Natürlichkeit. Ein Lächeln ist bei ihr nicht aufgesetzt, ihre Freundlichkeit nicht gespielt. Brit ist eben, wie sie ist.

Britney ist sich selbst und wichtigen Menschen in ihrer Umgebung absolut treu und immer ehrlich. Eigenschaften, die sie wiederum auch von ihren Freunden oder einer Beziehung erwartet.

Aber auch Stars haben ihre kleinen Fehler. Britneys »größte Schwäche« ist, dass sie ständig an ihren Fingernägeln kaut. Nicht aus Nervosität oder Langeweile - es ist einfach eine schlechte Angewohnheit von ihr. Und wenn sie die Zeit hat, kann auch Britney sogar richtig faul sein und stundenlang in ihrem Bett vor sich hin träumen, obwohl sie schon zehn Stunden Schlaf hinter sich hat. Aber das tut sie nur, wenn sie zu Hause in Kentwood ist und frei hat.

INFO!

Britneys Horoskop

Brit wurde am 2. Dezember 1981 im Sternzeichen Schütze geboren. Schützen sind meistens mit sehr vielseitigen Talenten gesegnet. Man sagt ihnen Eigenschaften wie Ehrlichkeit, Optimismus, Ehrgeiz und Kreativität nach. Viele Schützen behaupten von sich selbst, am glücklichsten zu sein, wenn sie das tun können, was sie wirklich wollen. Viele machen daher ihr Hobby zu ihrem Beruf beziehungsweise ihrer Berufung. Britney liest gerne ihr Tageshoroskop, glaubt jedoch weniger an das Schicksal der Sterne als an die Macht der eigenen Kraft.

Britney in ihrer Freizeit

Viel Zeit für private Dinge hat Britney im Moment nicht. Sie ist ständig auf Tour, hat viele TV-Termine, muss Interviews geben und neue Songs aufnehmen. Aber immer, wenn sie zurück nach Kentwood kommt, oder auf Tour ein paar freie Tage hat, genießt sie ihre Freizeit. Bestimmt bist auch du schon oft gefragt worden: Was sind deine Hobbies, was tust du in deiner Freizeit? Würde man Brit danach fragen, es kämen folgende Antworten wie aus der Pistole geschossen:

Ganz oben auf ihrer Liste steht: Shopping! Wann immer sie Zeit hat, durchstreift Britney die Einkaufsstraßen und entdeckt neue Klamottenläden – besonders gerne in ihrer Lieblingsstadt New York. Sie liebt Mode, aber sie ist kein »fashion victim«, also jemand, der jedem Trend folgt. Sie schmökert zwar gerne in Modezeitschriften, aber weder die Marke noch die »Hipness« bestimmter Styles sind ihr besonders wichtig. Hauptsache, es gefällt ihr. Brits wichtigste Regel beim Einkaufen lautet: Kaufe nur etwas, worin du dich wirklich wohl fühlst. Und nicht irgend einen Fummel, der gerade trendy ist, aber in dem du dich nicht richtig bewegen kannst. Für einen Auftritt in Disneyland durfte Britney einmal so viele Souvenirs mit nach Hause nehmen, wie sie tragen konnte. Sie fühlte sich wie im Paradies - und schleppte 20 Tüten voll mit Plüschtieren, T-Shirts und Accessoires aus dem Land der Zeichentrickfiguren. Beneidenswert!

Und was liebt Britney noch? Was tat sie schon als Dreijährige gerne - und brachte ihre Mom damit zur Weißglut? Genau, Make-up! Es vergeht kein Tag, an dem Brit nicht neue Make-up-Versionen ausprobiert, neue Lidschatten, neue Lippenstifte oder neue Rougefarben testet. Brit kommt es nicht darauf an, zu Hause wie aus dem Ei gepellt auszusehen. Sie verwandelt sich nur gerne für ihre Auftritte. Und wenn sie an einem Tag gar keine Lust auf Schminke hat, na, dann geht sie eben ohne. Zuhause bei ihren Eltern läuft sie locker in Jeans und Sweatshirt und ganz ohne Make-up herum - wie jedes andere Girl eben auch.

Britney: »Ich habe seit ich denken kann eine schlechte Angewohnheit – ich kaue dauernd auf meinen Fingernägeln herum.«

Natürlich hat Britney auch beste Freunde und Freundinnen, mit denen sie sich so oft wie möglich trifft. Bei ihrem vollgepackten Terminkalender ist das jedoch gar nicht so einfach. Aber wenn es die Zeit erlaubt, dann gehen sie gemeinsam ins Kino (am liebsten sieht Britney romantische Liebesfilme oder Komödien), sitzen in ihrem Zimmer und reden, oder gehen gemeinsam spazieren.

Außerdem hat Britney einen ganz besonderen Tick: Sie sammelt alte und neue Porzellanpuppen. Sie liegen in ihrem Zimmer überall verstreut herum. Und wann immer sie auf Reisen eine neue Puppe findet, die zur »Familie« gehören soll, dann nimmt sie sie mit nach Kentwood. Ihre

Mom hat für sie jetzt sogar eine zweite Sammlung angefangen: Schuhe aus Porzellan!

INFO!

Britneys Top-3-Kinofilme

1 Titanic
2 Die Hochzeit meines besten Freundes
3 Notting Hill

Britneys Familie

Wenn man das Haus von Familie Spears in Kentwood betritt, merkt man sofort, wie stolz die beiden Eltern Lynne und Jamie auf ihre Kinder sind. Im Wohnzimmer stehen überall Trophäen und Pokale, die Brit bei ihren Tanz- und Gesangswettbewerben und ihr Bruder Bryan bei diversen Sportmeisterschaften gewonnen haben. Auch im neuen Haus, in das die Spears noch im Jahr 2000 einziehen wollen, wird diesen Erinnerungen ein Ehrenplatz eingeräumt.

Seit Brit so unglaublich erfolgreich ist, hat sie natürlich nicht mehr so viel Zeit, nach Kentwood zu fahren. Meistens nur alle paar Monate. Aber wenn sie zu Hause ist, dann ist sie einfach nur die Tochter ihrer Eltern. So wie andere Töchter auch. Sie stürmt in ihr Zimmer, stellt erstmal alle ihre Taschen in eine Ecke und guckt, ob noch alles beim Alten ist. So, wie man es macht, wenn man von einer Reise wieder nach Hause kommt. Ist alles in Ordung, schmeißt sie sich als Erstes aufs Bett, legt eine CD ein und relaxt. Das könnte sie stundenlang so machen! Einfach nur daliegen, die Augen schließen und träumen – endlich nur sie selbst sein!

Doch gerade weil sie so selten daheim ist, will Britney auch mit ihrer Familie zusammen sein. Also geht sie nach ein paar Minuten der Entspannung zu ihren Eltern, setzt sich mit ihnen und ihren Geschwistern an einen Tisch und beginnt zu erzählen. Und auch die anderen Familienmitglieder berichten, was sie so erlebt haben. Dass ihre kleine Schwester Jamie wieder einmal den Nachbarsjungen im Basketball geschlagen und ihr Bruder Bryan ein nettes Mädchen kennen gelernt hat (Bryan ist übrigens in festen Händen - seine Liebste heißt Blaize). Und während alle so erzählen, begibt sich Mom Lynne in die Küche und zaubert für ihre Tochter ihr Leibgericht: Britney schwört auf das gebackene Brathähnchen ihrer Mutter. Unterwegs bekommt sie alles zu essen, was sie will: Pasta, Pizza, Sushi - aber die Kochkünste ihrer Mom sind einfach nicht zu schlagen!

Britneys Mutter ist Grundschullehrerin und Brit hat ihr sehr viel zu verdanken. Sie war es nämlich, die ihr Talent entdeckt und gefördert hat. Weil Britney es unbedingt wollte, hat sie sie mit drei Jahren im Kirchenchor angemeldet. Und sie hat ihre Tochter in jeder Entscheidung unterstützt, egal, ob es um den Umzug nach New York ging oder um den Plattenvertrag für ihre Debütplatte. Lynne setzt großes Vertrauen in ihre Tochter - und wurde bis heute nicht enttäuscht. Für Britney ist ihre Mama heute wie eine beste Freundin: Sie können über alles reden, teilen Freud und Leid. Ein ausgewogenes Verhältnis voller Respekt, eine vorbildliche Mutter-Tochter-Beziehung.

Britney: »In meiner Tasche habe ich immer eine Videokamera dabei, mit der ich so gut wie alles filme. Ich will meinen Kids später zeigen, was ich alles erlebt habe!«

Ihr Vater Jamie ist Chef einer Baufirma und beruflich viel unterwegs. Dennoch hat auch er Britneys Entwicklung voller Stolz verfolgt. Seine Tochter - so erfolgreich! Das würde jeden Vater die Brust schwellen lassen. Er ist in der Familie immer derjenige, der einen kühlen Kopf bewahrt, wenn es um Entscheidungen geht. Während Britney und ihre Mom leicht von Dingen hingerissen sind, hat er die Fähigkeit, Für und Wider richtig abzuwägen. Deshalb bittet Britney immer auch ihren Dad um seine Meinung. Denn er, der Ruhepol der Familie, sieht manche Dinge eben etwas klarer.

Ihre kleine Schwester Jamie Lynn ist zehn Jahre jünger als Britney, aber ihr total ähnlich. Sie sieht nicht nur aus wie Britney, sondern auch sie hat schon früh angefangen zu singen. Am liebsten in der Badewanne - und vor allem Britneys Songs! Aber zur großen Verwunderung aller will Jamie Lynn nicht Sängerin werden, sondern Sportlerin oder Sportlehrerin. Sie spielt gerne vor dem Haus Basketball und kann es mit einigen Jungs aus der Nachbarschaft bereits aufnehmen. Jamie ist natürlich mächtig stolz auf ihre große Schwester. Und in der Schule kann sie sich gar nicht mehr vor Autogrammfragen retten.

Ihren Bruder Bryan liebt Britney über alles. Schon als kleines Mädchen erzählte sie allen, dass sie einen großen Bruder hat, der sie beschützt. Bryan war immer für sie da, wenn sie ihn brauchte. Und obwohl er fünf Jahre älter ist als sie, hat er sie immer respektiert, in allem was sie tat und wovon sie träumte. Vor allem liebt sie an ihm, dass sie mit ihm über alles reden kann. Über alles! Ob über Jungs, über Erlebnisse oder Probleme - Bryan ist ein wunderbarer Zuhörer und weiß immer Rat. Natürlich kann Brit auch mit ihrer Mom gut reden, aber in so manchen Dingen ist der Bruder einfach der bessere Ratgeber. Brit mag an Bryan auch, dass er so naturverbunden ist. Er ist gerne draußen, macht Bodybuilding, ist ein ehrgeiziger Sportler und möchte gerne Sporttherapeut werden.

Und seit einem Jahr gibt es ein weiteres »Familienmitglied« bei den Spears: Britneys Hund Cane, ein süßer kleiner Rottweiler. Wenn Britney auf Tour ist, versorgt ihn ihre Mutter.

Britneys Freunde

Wie für jeden Menschen sind Freunde auch für Britney besonders wichtig – und Freundschaften leben natürlich vom regelmäßigen Kontakt und Austausch. Brit liebte schon immer die Gesellschaft anderer. Eine Einzelgängerin, das war sie noch nie. Aber dass es manchmal gar nicht so einfach ist, den Kontakt zu ihren »alten« Freunden aufrecht zu erhalten, kannst du dir bestimmt vorstellen. Schließlich ist Britney kaum noch in Kentwood. Dennoch: Sie möchte ihre Bekanntschaften so gut wie möglich pflegen – darauf legt sie besonders viel Wert. Und das beste Mittel dafür: E-Mail! Egal, ob spät in der Nacht oder um sieben Uhr morgens. Egal, ob sie in China, Amerika oder Deutschland ist. Wenn Britney das Gefühl hat, sie muss ihren Freunden etwas mitteilen, dann schickt sie ganz einfach ihre Elektropost los.

Und ist sie doch wieder einmal in Kentwood, trifft sie sich natürlich mit ihren Freunden. Sie erzählt ihnen alles, was passiert ist. Und umgekehrt ist Britney natürlich total neugierig darauf, was ihre besten Freunde aus Kentwood in der Zwischenzeit so erlebt haben.

Am meisten unternahm sie früher mit ihren beiden

Cousinen Sara-Catherine und Lara-Lynn. Zu ihnen hat sie auch heute noch guten Kontakt. Wann immer es geht, telefonieren sie miteinander oder schicken sich E-Mails, um Neuigkeiten auszutauschen.

Britney hat schon früh Menschen als Freunde gewonnen, die ähnliche Ambitionen wie sie haben. Enge Freundschaften hat sie vor allem in der Zeit als Moderatorin beim *Mickey Mouse Club* geknüpft. Justin Timberlake und Christina Aguilera gehören auch heute noch zu ihrem Freundeskreis. Aber leider können sie sich nicht oft sehen, weil jeder an seiner eigenen Karriere bastelt. Doch Britney ist ein sehr treuer Mensch. Und wenn sie jemanden mal in ihr Herz geschlossen hat, dann gibt sie denjenigen auch nicht so schnell auf.

Ihre allerbeste Freundin sieht sie glücklicherweise etwas öfter - ihre Mom. Britney bewundert vor allem ihre Geduld und ihren Optimismus. Schon als kleines Kind fühlte sie sich von ihrer Mutter immer verstanden und gut behütet. Sie kann auf ihre Mutter zählen - und umgekehrt.

Britney und Christina – Freundinnen oder Feindinnen?

Jedes Mädchen hat eine beste Freundin: Sie kann ihr alles anvertrauen, sie kann mit ihr lachen und weinen. Die meisten Girls lernen sich in der Schule kennen oder kommen aus der gleichen Nachbarschaft. Bei Britney Spears und Christina Aguilera war das anders. Die beiden trafen sich zum ersten Mal in einem TV-Studio. Brit war damals 11, Christina ein Jahr älter. Schon bei den ersten Aufzeichnungen des *Mickey Mouse Clubs* waren sich die beiden auf Anhieb sympathisch, unterhielten sich gerne über das Singen, über Jungs und über Mode. Ja, während den zwei Jahren in *Disney World* entwickelte sich zwischen ihnen eine richtige Freundschaft. Und schon damals hatten die zwei einen gemeinsamen Wunsch: Sie wollten im Rampenlicht stehen und träumten von einer Karriere als Sängerin. Sieben Jahre später ist dieser Traum in Erfüllung gegangen – sowohl Britneys als auch Christinas Debütalbun wurde auf der ganzen Welt zu einem Bestseller. Nun sind sie die stärksten Konkurrentinnen. Kann das eine Freundschaft aushalten?

Ein kurzer Blick zurück: Der Erfolg hat nicht nur das Leben der beiden, sondern auch ihre Freundschaft verändert. Britney hatte sich so sehr auf ihren Job beim *Mickey Mouse Club* gefreut wie Christina. Sie wussten, was es bedeutete, diese wichtige Hürde genommen zu haben. Sie hatten die harte Aufnahmeprüfung bestanden und damit tausende von anderen Bewerbern aus dem Rennen geschickt. So etwas verbindet. Als die beiden merkten, dass sie nicht nur in ihren beruflichen sondern auch privaten Interessen auf einer Wellenlänge lagen, waren sie froh. Weg von zu Hause, fünf Tage die Woche arbeiten, für Teenager ist das nicht einfach. Und es ist leichter zu meistern, wenn man weiß, dass es da jemanden gibt, der einen gerne hat und mit dem man sich über alles austauschen kann. Britney über diese Zeit zu *BRAVO*: »Wir hatten unheimlich viel Spaß. Christinas und meine Familie kannten sich gut, wir verstanden uns prima. Es war alles so unbeschwert!«

Doch nach zwei Jahren trennten sich ihre Wege. Der *Mickey Mouse Club* wurde abgesetzt, Britney zog zurück in ihre Heimatstadt Kentwood. Christina musste häufig umziehen, weil ihr Vater bei der Army arbeitete und oft versetzt wurde. Zuerst schrieben sie sich regelmäßig Briefe oder telefonierten, aber langsam schlief der Kontakt ein – und die beiden verloren sich aus den Augen. Der Grund: Brit und Chris konzentrierten sich voll auf ihre Karrieren, nahmen an Gesangs- und Tanzwettbewerben teil und hatten nicht mehr viel Zeit für ihr Privatleben.

Obwohl sie örtlich getrennt waren, verlief das Leben von Brit und Chris in ähnlichen Bahnen. Christina: »Ich musste nach meinen ersten Auftritten die Schule wechseln, weil mich die anderen Kids beschimpft haben und neidisch waren.« Sie fühlte sich in der Schule schließlich so unwohl, dass sie mit 12 Jahren Privatunterricht nahm. Auch Britney führte nie das Leben eines »normalen« Girls und verließ bereits nach einem Jahr die Highschool. Sie fand in ihrer Mutter Lynne schließlich die beste Freundin, Christina wird stets von ihrer Mom Shelly begleitet. Und beide verfolgten ihre Karriere mit enormem Ehrgeiz: Für Christina kam 1998 die große Chance, als sie für den Soundtrack zum Disney-Zeichentrickfilm *Mulan* die Ballade *Reflections* singen durfte. Ihre Stimme machte verschiedene Produzenten auf sie aufmerksam, 1999 kam der Plattenvertrag. Britney wurde mit 15 als Sängerin entdeckt und kann mittlerweile mehr verkaufte Singles und Alben vorweisen als ihre um ein Jahr ältere Freundin.

Während sie früher für denselben Jungentyp schwärmten, den gleichen Klamottengeschmack hatten und über dieselben Witze lachen konnten, sind die zwei Girls nun von Grund auf verschieden: Britney wirkt süß und sexy, Christina eher kühl und distanziert. Brit steht auf nette Jungs wie Justin von *NSYNC oder Robbie von Boyz 'N Girlz United. Christina mag harte Rockstars wie Mark McGarth von Sugar Ray oder Rapper Eminem. Gut so, somit kommen sich die beiden Girls in dieser Hinsicht sicher nicht ins Gehege.

Britney: »Ich bin in Sachen Liebe noch sehr unerfahren und wünsche mir einen Jungen, der sanft und rücksichtsvoll mit mir umgeht.«

Auf beruflicher Ebene sieht die scheinbare Ausgewogenheit dagegen ganz anders aus: Die *Academy of Recording Arts and Sciences* kürte Christina Aguilera zur besten Nachwuchskünstlerin des Jahres. In dieser Kategorie hatte eigentlich Britney als Favoritin gegolten. Die rund 10 000 an der Abstimmung beteiligten Akademiemitglieder schätzten aber Christinas erfolgreiches Debütalbum *Genie In A Bottle* als künstlerisch wertvoller ein. Und während Christina bei der *Grammy*-Verleihung in Los Angeles mit dem begehrten Preis nach Hause ging, bekam Britney keine Auszeichnung. Der *Grammy* ist für die Musikbranche das, was der Oscar für die Filmszene ist. Britney war traurig. Sie hatte sehr auf diesen Preis gehofft. Dass ausgerechnet ihre ehemals beste Freundin die Auszeichnung entgegennehmen würde, damit hatte sie nicht gerechnet. Trotz allem bewahrte Brit fröhliche Miene zum traurigen Spiel – und gratulierte Christina. Viele Jahre zuvor hatte diesen Preis übrigens Mariah Carey erhalten, das Vorbild beider Sängerinnen. Im Gegenzug hatte aber Britney bei der *Otto*-Verleihung in Deutschland die Nase vorn: Gold für Brit, Silber für Christina. Die Fans dürfen gespannt sein, wie dieses Duell weitergeht. Ob die beiden jemals wieder beste Freundinnen werden können?

INFO!

Schon gewusst?

- Britney nahm am Casting-Wettbewerb für die Girlgroup Innosense teil – entschied sich dann aber doch für eine Solokarriere.
- Wenn Britney ein Spice Girl wäre, wäre sie am liebsten Baby Spice.

- ... *Baby One More Time* wurde ursprünglich für TLC geschrieben, aber die Plattenfirma wollte, dass die Gruppe Five den Song interpretiert. Songschreiber Max Martin gab ihn schließlich Britney.
- Britneys Kinderzimmer in Kentwood ist hellblau gestrichen.
- Britney macht nichts so nervös, wie berühmte Stars zu treffen. Vor vielen Leuten zu singen macht ihr dagegen nichts aus.

Britney und die Boys

Hast Du einen Freund? Bist Du verliebt? Wie sieht Dein Traumtyp aus? Keine Fragen wurden Britney in Interviews so oft gestellt wie diese. Sie ist mittlerweile eine der begehrtesten Popprinzessinnen der Welt. Klar, dass auch ihr Privat- und Liebesleben für die Öffentlichkeit von Interesse ist. Wöchentlich berichten Presse und Fernsehen über angeblich neue Liebschaften. Natürlich ist Britney ein normales Mädchen, das sich Knall auf Fall verlieben kann. Aber bevor sie sich wirklich fest bindet, will sie sichergehen, dass der Junge genauso viel für sie empfindet, wie sie für ihn. Für einen Boy zu schwärmen bedeutet schließlich nicht, mit ihm zusammen zu sein …

Gerüchte sind schnell im Umlauf: Bei Britney begann das Rätselraten, noch bevor überhaupt ihre Single … *Baby One More Time* in Deutschland veröffentlicht war. Da kursierte bereits das Gerücht, Britney sei die Freundin von Nick Carter, Mitglied der Backstreet Boys. Doch zu diesem Zeitpunkt hatte sie Nick noch nicht einmal persönlich kennen gelernt! Sie hatte zwar die Backstreet Boys kurz hinter den Kulissen der *American Music Awards* gesehen – doch lediglich aus großer Entfernung. Grund für diese Vermutung war, dass Nick Carter seine Freundin folgendermaßen beschrieben hatte: »Sie ist blond, hat schöne Augen und wird demnächst Musik machen!« Eine Beschreibung, die mit viel Phantasie natürlich auf Britney zutreffen könnte – aber das tat es nicht! Mittlerweile laufen sich die beiden ziemlich oft über den Weg, allerdings nur beruflich. Sei es bei Veranstaltungen ihrer gemeinsamen Plattenfirma oder bei Preisverleihungen.

Britney: »Ich finde Nick Carter nett, aber mehr ist da nicht und wird auch nicht sein!«

Bald darauf folgte das nächste und bislang auch hartnäckigste Gerücht: Als Britney mit *NSYNC auf Ameriktour war, hieß es plötzlich, sie sei bereits seit Monaten mit Justin Timberlake, ihrem ehemaligen Mickey-Mouse-Kollegen, zusammen. Und die Wahrheit? Britney und Justin verstanden sich schon immer gut, unternahmen früher viel miteinander und telefonieren noch heute regelmäßig. Als die beiden beim *Mickey Mouse Club* gemeinsam vor der Kamera standen, fanden sie sich äußerst sympathisch, turtelten ein wenig und wurden sogar beim Händchenhalten beobachtet. Aber etwas Ernstes war es damals noch nicht. Justin hatte nämlich Augen für ein ganz anderes Mädchen aus dem Team. Es hieß Mandy. Als Justin Britney allerdings nach einigen Jahren zum ersten Mal bei den Tourproben wiedersah, war er überrascht, wie schnell aus der kleinen »Bit-Bit« eine fast erwachsene Frau geworden war. Ja, Britney war nicht nur unglaublich süß, sondern auch äußerst sexy. Eigentlich wären Justin und Britney wirklich das perfekte Pop-Traumpaar. Immer wieder wurde Britney gefragt, ob sie nun mit Justin zusammen sei oder nicht. Doch Brit sagte mal ja, dann wieder nein – oder gar nichts. Fakt ist: Immer wieder tauchen gemeinsame Fotos auf – turtelnd beim Shoppen, gemeinsam im Auto, ausgelassen beim Spazierengehen ...

Kurz nachdem Britney und Justin sämtliche Klatschspalten gefüllt hatten, tauchte Britney auf einmal mit Robbie Carrico in der Boulevardpresse auf. Er ist Mitglied der amerikanischen Band Boyz 'n' Girlz United und war zusammen mit Britney bei der Kinopremiere zu *Drive Me Crazy* gesehen worden. Robbie trägt eine blonde Stachelfrisur und sieht Justin sehr ähnlich. Hat Brit vielleicht ihm ihr Herz geschenkt? Wieder Rätselraten und kein offizieller Kommentar von Britney. Auf jeden Fall verbrachten die beiden Britneys 18. Geburtstag in New York. Sie zogen durch trendige In-Discos – wie zwei alte Freunde. Fakt ist: Auch Boyz 'n' Girlz United sind bei Johnny Wright unter Vertrag und unterstützten Britney auf einigen US-Shows. Robbie zu diesem Thema zur Autorin: »Wirklich, ich mag Britney sehr gerne. Aber es ist nichts zwischen uns gelaufen. Um ehrlich zu sein, gefallen mir Mädchen wie Sarah Michelle Gellar als Typ besser als sie.«

Britney: »Beim Fitness stelle ich Justin in den Schatten. Ich schaffe 75 Sit-ups, er macht schon bei 55 schlapp!«

Die Liste der Männer, die Britneys Herz angeblich erobern konnten, könnte man unendlich weiterführen. Immer wieder wurde sie mit Showgrößen wie Brad Pitt, Ben Affleck oder Ricky Martin im selben Atemzug genannt.

Doch seit kurzem wird Britney auch mit dem Namen Prinz William in Verbindung gebracht. Angeblich hat sie sich in der Nähe der königlichen Familie eine Villa in London gekauft. Und tatsächlich – William steht total auf Britneys Musik und findet sie sehr sexy. Er überraschte sie mit einer Grußkarte. Darauf teilte er ihr mit, dass er sich sehr freuen würde, wenn sie ihn in London besuchen käme. Als Brit erfuhr, dass William ein großer Fan von ihr ist, schickte sie ihm postwendend eine signierte CD – seitdem stehen die beiden in Kontakt. Genaue Angaben über »ihre Beziehung« wollen die zwei jedoch nicht machen.

Britney: »Wenn ich mich wirklich mit Prinz William treffen sollte, wäre ich gut vorbereitet. Meine Mom hat mir gezeigt, wie man einen richtigen Hofknicks macht – und zwar vor einem Treffen mit Prinz Albert von Monaco. Aber der ist nicht so toll.«

Ein Junge, der immer in ihrer Nähe ist und ebenfalls als heißer »Boyfriend« gehandelt wurde, heißt Wade Robson. Er ist 17 Jahre alt und Tänzer. In Britneys Video zu *(You Drive Me) Crazy* durfte er mitspielen und ist auch bei ihren Shows dabei. Sie soll über ihn gesagt haben: »Für mein Video will ich den oder keinen ...«

Aber über einen Jungen aus ihrem Leben spricht Britney Klartext: Reg Jones, ihr Exfreund und guter Kumpel ihres Bruders Bryan aus Highschoolzeiten. Damals war Britney 14, er drei Jahre älter. Mit Reg war sie von Mitte 1996 bis Dezember 1998 zusammen. Ein großer, smarter Typ mit dunklen Augen, dunkelblondem Haar und breiten Schultern. Er spielte im selben Footballteam wie Brits Bruder. Sie lernten sich kurz vor dem Abschlussball ihrer Highschool kennen. Reg fand Britney total süß und fragte sie, ob sie seine Tanzpartnerin sein möchte. Brit war zuerst sehr verunsichert. Immerhin war Reg der erste Junge, der sie ansprach. Doch wie sich zeigte, war das der schüchterne Anfang einer romantischen ersten Liebesbeziehung. Die beiden schrieben sich süße Briefe und verbrachten jede freie Minute mit einander. Ein richtiges Traumpaar!

Doch diese unbeschwerten gemeinsamen Minuten wurden leider immer weniger, die Beziehung konnte Britneys steiler Karriere nicht standhalten. Viel zu oft war sie unterwegs, konnte ihren Freund nicht sehen. Die beiden sprachen lange darüber, wie es mit ihnen weitergehen sollte. Sie beschlossen, die Beziehung zu beenden. Klar waren Britney und Reg traurig über diese Entscheidung. Aber sie waren sich auch bewusst darüber, dass es besser ist, sich im Guten zu trennen als später im Zorn. Heute sind sie gute Freunde. Reg zu *BRAVO*: »Es war keinesfalls so, dass wir uns nicht mehr liebten. Aber wir wussten beide, dass es so nicht weitergehen konnte. Es wurde ein schmerzhafter Abschied.«

Britney und die Liebe

Und natürlich wird Britney immer wieder zu ihrem ersten Kuss und ihrem ersten Mal befragt. An ihren ersten Kuß kann sie sich noch genau erinnern, der war »nicht besonders toll«. Sie war damals 14 und unendlich in einen Jungen aus Kentwood verliebt. Nachdem sie sich nicht getraut hatte, ihn anzusprechen, sprach er sie doch tatsächlich auf einer Party an. Wow! Er hatte also auch Gefallen an ihr gefunden. Brit war total aufgeregt. Die beiden unterhielten sich blendend. Und als die Party zu Ende war, verabschiedete sich der Junge von ihr und drückte ihr einen Kuss auf die Lippen. So hatte sich Brit ihren ersten Kuss nicht vorgestellt. Verdutzt sah sie ihn mit großen Augen an. Aber ihn schien das gar nicht zu stören. Was für eine Pleite! Am nächsten Tag ignorierte sie der Typ dann auch noch. Den Grund erfuhr sie erst Monate später: Der Kuss war lediglich Bestandteil einer üblen Wette. Der Boy wollte seinen Freunden beweisen, dass er es schafft, Britney zu küssen. Brit war total fertig und unendlich traurig, denn sie hatte sich in diesen Boy tatsächlich verliebt. Tja, und das erste Mal? Darüber schweigt sich Britney aus …

Test

Auf was achtet Britney bei einem Jungen zuerst?

a Die Augen
b Die Hände
c Die Haare

Auflösung:

Richtig ist (b.), die Hände! Auf Rang zwei: Ihr Traumboy muss freundliche, strahlende Augen haben (a.).

Wie jedes Mädchen träumt Britney von der großen Liebe. Wann wird sie ihren Traumboy treffen? Wird die Beziehung für immer glücklich sein? Wird er die gleichen Interessen haben wie sie? Auf jeden Fall sollte er Humor haben. Britney muss mit ihrem Freund lachen können – und er sollte in der Lage sein, auch mal über sich selbst zu lachen. Ihr Traumboy sollte außerdem ehrlich und treu sein. Es ist ihr egal, ob er im Musikbusiness tätig ist oder nicht. Aber er sollte sie in allem unterstützen, was sie macht. So, wie sie ihm auch zur Seite stehen würde. Und sie ist sich ganz sicher: Auf diesen Jungen wird sie irgendwie, irgendwo, irgendwann treffen. Und wie sieht ihr Traummann aus? Er sollte groß und dunkelhaarig sein – und freundliche Augen haben.

Britney: »Das wichtigste an einer Beziehung ist Ehrlichkeit, Treue und dass man miteinander über seine Gefühle sprechen kann.«

Tipp

Drei Ratschläge von Britney für ein Date

Verliebt? Du willst dich mit deinem Schwarm treffen? Britney hat drei Tipps für dich auf Lager:

1. Sei du selbst! Jungs sind nicht blöd und merken schnell, wenn du ihnen etwas vorspielst.
2. Zerbrich dir nicht den Kopf darüber, was du bei einem Date anziehst und was ihm gefallen könnte oder nicht. Wenn die Chemie zwischen euch stimmt, passt auch der Rest.
3. Hab Spaß! Und wenn du den Jungen richtig gut findest, dann sieh zu, dass du noch am selben Tag einen Kuss von ihm kriegst!

Test

Wie kannst du Britneys Herz erobern?

Britney bekommt zahlreiche Liebeserklärungen von Jungen. Seit sie in der Öffentlichkeit steht, noch viel mehr als früher. Aber ihr Herz schenkt sie nur ganz bestimmten Boys. Der Test verrät dir, wie gut du Britneys Entscheidungen in Liebesdingen einschätzen kannst.

1. Britney bekommt einen Fanbrief, der nach Parfüm duftet. Was denkt sie wohl?
a Schon wieder ein Liebesbrief
b Ist wohl parfümiertes Briefpapier
c Das ist aber eine nette Idee, was wohl in dem Brief steht?

2. Welches Kompliment findet Britney am schönsten?
a Du hast eine tolle Stimme
b Ich mag deine fröhliche Art
c Tolle Figur!

3. Brit ist auf einer Party. Welche Erwartungen stellt sie an diesen Abend?
a Sie will tanzen und Spaß haben

b Brit hofft, endlich ihren Traumboy kennen zu lernen
c Keine, sie geht nicht gerne aus

4. Ein Junge spricht Britney an. Mit welchem Spruch könnte er bei ihr landen?
a Kennen wir uns nicht von irgendwo?
b Dein Lächeln ist mir sofort aufgefallen und deine Augen strahlen so. Dir muss es momentan gut gehen, richtig?
c Sag mal, ist das deine richtige Haarfarbe?

5. Britney sieht mit Freunden einen traurigen Liebesfilm. Wie reagiert sie?
a Sie weint bestimmt
b Sie macht witzige Zwischenbemerkungen
c Brit mag nur Action-Komödien

6. Einer deiner Freunde möchte Britney eine Liebeserklärung machen. Was rätst du ihm?
a Er soll eine E-Mail schicken, darauf steht sie
b Ein schöner Liebesbrief, da wird jeder schwach
c Das hat doch eh keinen Sinn, sie ist viel zu berühmt

7. Ein romantisches Candle-Light-Dinner oder ein Videoabend – was würde Brit für das erste Date wohl wählen?
a Candle-Light-Dinner
b Videoabend

8. Eine Freundin weint sich bei Brit aus. Was geht in ihrem Kopf vor?
a Bestimmt hat die Freundin Liebeskummer
b Ich bringe sie schnell auf andere Gedanken
c Ich habe keine Zeit, um sie zu trösten

Auflösung: Wie kannst du Britneys Herz erobern?

1. So eine Idee findet Brit originell (c.), deshalb würde sie den Brief auf jeden Fall mit voller Neugier lesen. Und obwohl sie tatsächlich viele Liebesbriefe bekommt, freut sie sich über jeden von Neuem (a.)!
2. Auf ihre Figur (c.) und ihre Stimme (a.) ist Britney zwar stolz, aber wenn es um ein Kompliment von einem Jungen geht, dann mag sie am liebsten auf ihre Art und ihre Charaktereigenschaften (b.) angesprochen werden.
3. Und ob Britney gerne ausgeht und am wichtigsten ist ihr auf einer Party der Spaß und das Tanzen (a.)! Klar, wäre es schön, dort den Traumboy kennen zu lernen, aber in erster Linie zählt für sie einfach nur der Spaß.
4. Schlechter Scherz, das mit dem Kennen (a.). Logisch kennt man Brit von irgendwo. Auf ihr Lächeln und ihre Augen angesprochen zu werden, das findet sie interessant. Gut möglich, dass das der Anfang für ein nettes Gespräch sein könnte (b.). Auf ihre Haarfarbe darf man

sie zwar ruhig ansprechen (sie blondiert ihre Haare gerne) aber um ein Gespräch zu beginnen, ist der Satz (c.) doch ein wenig plump.

5. Britney zeigt immer ehrlich ihre Gefühle, auch wenn sie sich einen Film anschaut. Sie liebt romantische Liebesfilme und musste das letzte Mal übrigens bei *Notting Hill* weinen (a.).

6. Die Liebe kommt meist ganz unverhofft. Und wenn Brit eine Liebeserklärung erhält, dann am liebsten in einem Brief. Per E-Mail kann man zwar schneller miteinander kommunizieren, aber für eine Liebeserklärung ist das nicht unbedingt der romantischste Weg (b.)

7. Sie wählt bestimmt das Dinner (a.)! Obwohl sie gerne ins Kino geht und Videos anschaut, ist ein Dinner in Brits Augen die bessere Lösung für ein erstes Treffen. Denn sie möchte den Jungen ja kennenlernen und sich mit ihm unterhalten.

8. Brit ist für ihre Freude immer da! Wenn sie Kummer haben, hört sich Britney ihre Geschichte an und bringt sie dann so schnell wie möglich auf andere Gedanken (b.)!

INFO!

Britney zum Thema E-Mail

»Wenn du noch keine E-Mail-Adresse hast, dann leg dir auf jeden Fall eine zu! Per E-Mail lassen sich wunderbare kleine Nachrichten schreiben. Und wenn deine Freunde weit weg wohnen, ist das auf jeden Fall günstiger und angenehmer, als ständig zu telefonieren.«

Britney hat Stil!

»Every time you look at me
My heart is jumpin', it's easy to see«

(You Drive Me) Crazy

Der »Britney-Look«

Schon als Kind war Britney verrückt danach, sich zu verkleiden und zu verwandeln. Mittlerweile hat sie ihren eigenen Stil gefunden: Knappe Tops und enge Hosen sind ihr Markenzeichen. Und immer mehr Girls möchten so aussehen wie sie – der »Britney-Look« wird immer populärer. Doch auch in den vergangenen zwei Jahren hat Brit sich verändert: Aus dem unschuldigen »Schulmädchen-Look« wurde ein sexy »Lolita-Style«. Wenn auch du dich mal wie Britney zurechtmachen willst, hier ein paar Tipps.

Frisur

Mit 15 hatte Britney noch polanges, dunkelblondes Haar. Aber von Jahr zu Jahr ist ihr Haarschnitt um ein paar Zentimeter kürzer – und blonder geworden. Wenn es um den typischen »Britney-Look« geht, denkt man sofort an ihre Zöpfchen-Frisur aus dem Video zu ... *Baby One More Time*. Aber das ist nur eine der vielen Varianten. Zur Zeit trägt sie ihr Haar ein bisschen länger als kinnlang, entweder offen oder zu einem lockeren Pferdeschwanz gebunden. Egal, ob gelockt oder glatt, ihre Mähne sieht immer natürlich und gut aus. Britneys Geheimnis: Die Pflege. Damit die Haare glänzen, wendet Brit alle drei Wochen eine intensive Kurpackung aus Kieselerde an. Und im Sommer trägt sie stets ein Baseballcap, um ihr Haar vor der starken Sonneneinstrahlung zu schützen. Sieht sportlich aus und hat einen praktischen Nutzen - denn so trocknen die Haare nicht aus.

Wenn auch du dein Haar wie Britney tragen willst, dann solltest du vor allem darauf achten, dass die Frisur nicht »overstyled« wirkt. Natürlichkeit ist die oberste Devise. Das heißt: Haarschaum und Haarspray sehr sparsam verwenden und die Haare am besten lufttrocknen lassen. Nur zu offiziellen Anlässen fönt Britney ihr Haar mit einer großen Rundbürste nach innen. Damit ihre Haare die nötige Pflege beim täglichen Waschen bekommen, benutzt sie übrigens ein natürliches Shampoo aus Honig und Weizenextrakt, das es in jeder Drogerie zu kaufen gibt.

Und wenn auch du aufhellende Strähnen in dein Haar möchtest, dann fange am besten mit einer Tönung an oder lass dich von einem Friseur beraten. Schließlich sollten Frisur und Farbe auf jeden Fall zu deinem Typ passen und nicht »aufgesetzt« aussehen. Für ihr Video zu *Sometimes* hat sich Brit übrigens blonde Haarverlängerungen ins Deckhaar knüpfen lassen. Eine lustige Idee, die allerdings viel Geduld und Stillsitzen erfordert und außerdem nicht ganz billig ist (ab 200 Mark).

Make-up

In der Regel solltest du dich immer typgerecht schminken. Bei sehr heller Haut eignen sich eher pastellige Töne, bei einem dunklerem Hauttyp dürfen es ruhig einmal kräftigere Farben sein. Obwohl Britney blond ist, hat sie eine leicht gebräunte Haut und dunkle Augen. Das ist ideal, wenn man sowohl helle als auch dunkle Farben ausprobieren will. Wenn du einmal wie Brit geschminkt sein und auf einer Party im Mittelpunkt stehen willst oder leicht geschminkt zur Schule gehen möchtest, dann gehe folgendermaßen vor. Damit du dir das Ganze besser vorstellen kannst, legst du am besten ein Foto von Brit neben deine Schminksachen.

...für jeden Tag

Pflege: Britney neigt wie jeder Teenager zu Hautunreinheiten. Deshalb ist es sehr wichtig, dass du immer eine Reinigungsmilch und ein Gesichtswasser verwendest. Erst dann kann sich die Haut regenerieren und ist »frei« für ein Make-up. Es gibt spezielle Mittel, die auf jeden Hauttyp abgestimmt sind. Am besten, du lässt dich beraten.

Foundation: Verwende idealerweise eine flüssige Foundation ohne Öl, die ist für fettigere Hauttypen (und das haben die meisten Teenies) am geeignetsten. Die perfekte Farbe findest du, indem du einen Tupfer auf deinen Handrücken gibst. Wenn der Ton dort mit deiner Hautfarbe übereinstimmt, dann ist er perfekt für dich. Zu helle Foundation sieht schnell »bleich«, zu dunkle »überschminkt« aus. Britneys Look ist natürlich! Die gewählte Foundation trägst du in kreisenden Bewegungen mit den Fingern auf. Am Anfang lieber zu wenig als zu viel, denn nachschminken kannst du immer noch.

Rouge: Auch hier gilt wieder: Weniger ist mehr. Nimm einen großen Pinsel, tupfe ihn in das Rouge-Töpfchen (die Farbe kann zwischen hellem Pink und hellem Rot varileren!) und streiche ihn gleichmäßig über deine Wangen. Das Rouge soll die Wangenknochen betonen. Aber Vorsicht: Verwende es wie Britney sehr sparsam!

Lidstrich: Britney benutzt meistens einen einfachen dunkelbraunen Kajalstift, den sie ganz zart am unteren und oberen Lid aufträgt. Solltest du nicht wie sie braune sondern sehr helle Augen haben, kein Problem, dann nimm am besten ein zartes Grau oder helles Braun. Goldene Regel: Nie einen flüssigen Eyeliner benutzen, das sieht schnell verschmiert aus und ist Britneys Look überhaupt nicht ähnlich (vielmehr dem von Christina Aguilera!).

Wimperntusche: Nimm einen braunschwarzen Mascara, den du sorgfältig auf deine Wimpern aufträgst. Am besten immer in zwei Gängen, damit die Tusche auch hält. Sollten deine Wimpern nicht sehr voll sein, dann kannst du sie auch mit einer Wimpernzange in Form bringen. Das solltest du tun, bevor die Tusche aufgetragen wird.

Lidschatten: Da Britney gerne experimentiert, nimmt sie nur selten die gleichen Farben. Aber natürlich hat sie Lieblingsfarben! Pink, zartes Lila oder helles Braun benutzt Brit am häufigsten. Und um so wie Britney geschminkt zu sein, solltest du für den Bereich unterhalb der Augenbrauen eine hellere Farbe als auf den Lidern benutzen. Stark im Trend und auch bei Britney häufig zu sehen: Schimmernder Lidschatten mit kleinen, glitzernden Partikelchen.

Lippen: Regel Nummer 1: Verwende nie knalliges Rot oder sehr dunkles Braun! Das passt überhaupt nicht zu Brits Stil und würde viel zu übertrieben aussehen. Nimm also – passend zum Lidschatten – wieder ein zartes Pink, Lila oder einfach nur ein glänzendes Lipgloss. Zuerst werden die Lippen mit einem Konturenstift umrahmt, dann mit einem matten Lippenstift ausgefüllt.

Fertig ist das Tages-Make-up à la Britney! Und beachte: Nie zu dick auftragen, denn Britney sieht nicht wie eine bemalte Puppe aus, sondern legt Wert auf den natürlichen Touch.

... und zum Ausgehen

Nachts darf ruhig ein bisschen mehr Farbe ins Spiel kommen! Wenn Britney auf der Bühne steht oder sich für Fotoshootings zurechtmacht, trägt sie ihr Make-up ein wenig dicker auf als am Tag. Aber auch hier gilt: Nie übertreiben, denn es kann schnell passieren, dass das Ganze »überschminkt« wirkt.

Glitzer: Ganz wichtig! Benutze Lidschatten, der einen Glitzereffekt hat. Das ist nicht nur voll im Trend, sondern auch Britneys Lieblingsvariante für den Abend. Außerdem gibt es in Drogerien und Kaufhäusern viele zusätzliche Glitzeraccessoires wie kleine Steinchen, Sterne oder Herzen. Diese kannst du oberhalb deiner Augenlider platzieren – und wenn Licht darauf fällt, siehst du aus wie eine glitzernde Prinzessin. Britneys Lieblingstrick für den Abend: zarter Bodyglitter, den sie auf Dekolletee und Arme verteilt.

Lippenstift: Für den Abend-Look darf er ruhig auch ein wenig knalliger sein! Tipp: Immer zweimal die Lippen nachziehen. Nimm nach dem ersten Mal ein Taschentuch zur Hand und »küsse« es mit deinen Lippen. So kannst du sicher gehen, dass der Lippenstift die ganze Nacht hält und nicht verschmiert.

Nagellack: Der darf natürlich nicht fehlen! Obwohl Brit ganz kurze Nägel hat (kommt vom dauernden Nägelkauen, und ist eher eine schlechte Angewohnheit, also lieber nicht kopieren), müssen sie immer lackiert sein. Am liebsten verwendet sie ein knalliges Pink, Rot oder Silber. Und im Sommer lackiert sie damit natürlich auch die Zehennägel.

Parfüm: Britney trägt am liebsten einen natürlichen Duft aus reinem Vanilleextrakt! Das tupft sie ganz dezent auf ihren Hals und ein paar Spritzer hinter die Ohren – dies wirkt besonders verführerisch!

Fertig? Gratulation: Wenn du alles richtig gemacht hast, dann siehst du jetzt schon ein wenig wie Britney aus …

INFO!

Was macht Britney so sexy?

Augen: Ein Blick in ihre großen, dunkelbraunen Augen – und viele Jungs werden schwach. Brit betont ihre Augen stets mit einem dunklen Kajalstift, das macht sie noch ausdrucksstärker!
Busen: Ob operiert oder nicht: Britney hat einen schön geformten Busen, den sie mit engen Tops betont. Wer keine so üppige Oberweite hat, kann's ja mit einem Wonderbra versuchen.
Bauch: Britney trägt am liebsten bauchfreie Tops. Manchmal betont sie ihren Bauchnabel mit einem sexy Piercing zum Aufkleben. Damit liegt sie voll im Trend!

Kleidung

Auch bei der Kleiderwahl hat Britney ihren eigenen Stil. Wie du bereits weißt, lautet das erste Gesetz, Brits Outfits betreffend: Bequemlichkeit vor Trend!

Sie ist eines der berühmten Models aus der Popbranche, die für den Designer Tommy Hilfiger werben. Manche Stücke aus seinen Kollektionen sind zwar nicht ganz billig, aber sie entsprechen Brits Stil zu hundert Prozent: leger, bequem und trotzdem trendy. Ihr Markenzeichen: kurze, bauchfreie Tops und enge Hosen. Am liebsten trägt sie ihre Lieblingsfarbe hellblau. Keine Angst, du musst dir keine teuren Designerklamotten kaufen, in großen Bekleidungsgeschäften wirst du ähnliche Teile finden.

Bei der Kleidung, wie auch schon beim Make-up, solltest du zwischen Abend und Tag unterscheiden. Klar sieht das toll aus, wenn Britney in ihren knappen, bauchfreien Tops und den knackigen Hüfthosen oder im hautengen Kleid auf der Bühne steht, aber du kannst dir sicher sein, im »ganz normalen Leben« greift Brit auf weniger auffällige Kleidung zurück.

Tagsüber trägt sie am liebsten legere Baggys, Hüftjeans oder Caprihosen in Kombination mit engen T-Shirts. Mal bauchfrei, mal ärmellos. Die Shirts sollten nicht zu locker sitzen, denn das ist total out. Lieber eng anliegend und mit lustigen Motiven vorne drauf – im süßen Girlielook. Und ganz wichtig: keine unbequemen hohen Schuhe! Brit fühlt sich am wohlsten in bequemen Turnschuhen – und greift nur zu besonderen Anlässen zu raffinierten Plateautretern.

Eine weitere wichtige Brit-Mode-Regel: Öfter mal was Neues! Sie mag es, ihren Stil zu verändern. Nach ... *Baby*

One More Time haben viele erwartet, dass Britney sich nun immer im kurzen Rock und mit Bluse und Krawatte zeigen würde. Aber dazu liebt Britney die Mode und die Veränderung viel zu sehr. Madonnas und Julia Roberts Modestil findet sie übrigens am besten. Über Madonna sagte sie in einem Interview mit *MTV*: »Sie kann einfach alles tragen – es steht ihr!« An Julia Roberts mag Britney vor allem ihre natürliche Ausstrahlung.

Tipp

Drei Styling-Regeln

Tops: Britney bevorzugt knappe und vor allem bauchfreie Oberteile, die ihren schönen Busen zur Geltung bringen. Lange Shirts knotet sie einfach über ihrem Bauch zusammen. Außerdem stehen figurbetonte Pullis und feiner Strick ganz oben auf ihrer Liste.
Pants: Sie trägt alles, was lässig ist: von engen Hosen aus Lack über weite Cargos bis hin zu Shorts – Hauptsache praktisch und nicht zu »overstyled«.
Schmuck: Weniger ist mehr! Brit trägt am liebsten wenig Schmuck und nur Stücke, die ihr etwas bedeuten. Wie zum Beispiel einen Ring, den sie von ihrer Mom geschenkt bekommen hat.

Schmuck

Wenn Britney Schmuck trägt, dann erkennt man das oft erst auf den zweiten Blick. Denn auch hier lautet ihr Motto: Weniger ist mehr. Große Klunker und auffälliger Modeschmuck sind nicht ihr Ding. Sie liebt schlichte silberne Kettchen, Ringe und Ohrringe. Und: Piercings oder Nasenringe findet sie uncool.

Britneys größter Schmuck überhaupt ist ihr Bauchnabel: In knappen Tops und engen Hüfthosen kommt ihr erotischer Nabel am besten zur Geltung. Manchmal verziert sie ihn auch mit glitzernden Klebesteinchen. Ein Piercing würde sich Britney übrigens nicht stechen lassen. Dann schon lieber die »Wegwerf«-Variante.

Als ständigen Glücksbringer trägt sie einen kleinen Diamantring aus Gold, den ihr ihre Mom zum 15. Geburtstag geschenkt hat. Zur Zeit steht sie auch wie viele Girls auf Glücksarmbänder. Am häufigsten sieht man sie mit einem rosafarbenen – es steht für Glück in der Liebe …

Accessoires

Wenn Britney auf Shopping-Tour ist, stöbert sie am liebsten in flippigen Läden nach witzigen Accessoires – bevorzugt in London oder New York! Dort hat sie schon so einige Hüte und Caps für ihre Sammlung gefunden. Aber so weit muss man gar nicht reisen, um Accessoires wie Britney zu haben. Schließlich sind Bodybags, Handytaschen oder bunte Rucksäcke auch bei uns voll im Trend. Diese Dinge müssen vor allem praktisch sein und zudem farblich zum Outfit passen. Britneys Lieblingsaccessoire ist eine schwarze Gürteltasche, die nicht nur schick zu Hüfthosen aussieht, sondern auch nützlich ist, um Geld, Lippenstift und Schlüssel darin zu verstauen. Und was sie auch besonders liebt, sind sogenannte »Kryptolis«-Anhänger, leuchtende Glücksbringerketten, die in Amerika bereits Kult sind.

Ein weiteres tolles Accessoire: Eine Sonnenbrille mit silbernem Rand und blauen Gläsern. Auf die verzichtet Britney im Sommer nie!

Test

Könntest du Britneys Freundin sein?

Du magst Britney, findest ihre Musik toll und möchtest so viel wie möglich über sie wissen. Aber glaubst du auch, dass du ihre Freundin werden könntest? Der folgende kleine Test wird dir verraten, ob du denselben Geschmack in Sachen Musik, Filme und Hobbys hast wie sie. Außerdem zeigt er dir, ob ihr die gleichen Werte und Ideale wichtig findet. Anworte ehrlich! Die Auflösung der zehn Fragen findest du gleich nach dem Test. Und los geht's!

1. Britney hat Geburtstag. Welche CDs kommen für dich als Geschenk in Frage?

a klassische Musik
b Das Neueste von Whitney Houston oder Mariah Carey
c Gar keine, denn sie hat bestimmt schon ganz viele CDs

2. Du machst zusammen mit Britney Schularbeiten. In welchem Fach braucht sie deine Unterstützung besonders?
a Englisch
b Mathe
c Geschichte

3. Britney lernt einen tollen Jungen kennen. Wird sie dir von ihm erzählen?
a Nein, dazu ist sie viel zu introvertiert
b Bestimmt, schließlich muss man mit Freundinnen über alles reden können
c Sie wäre bestimmt zu eifersüchtig

4. Du und Britney verbringt einen Nachmittag miteinander. Was glaubst du, schlägt sie vor?
a Sie will bestimmt shoppen gehen
b Sicher möchte sie ins Kino
c Britney wird mir ihre neuesten Kosmetik-Entdeckungen zeigen

5. Britney muss aus beruflichen Gründen für zwei Monate wegziehen. Wie denkst du darüber?

a Das finde ich unfair, Freunde müssen zusammenbleiben
b Ich gönne ihr den Erfolg und die Abwechslung und freue mich, sie wiederzusehen
c Ich zweifle an ihrer Freundschaft zu mir

6. Du hast einen neuen Freund. Wie beeinflusst das deine Beziehung zu Britney?
a Bestimmt wird sie eifersüchtig sein
b Wir haben weniger Zeit füreinander, denn ich will jetzt ganz für ihn da sein
c Gar nicht, außer dass wir eben viel zu dritt unternehmen werden

7. Es kursieren Gerüchte über Britneys Liebesleben. Was denkst du?
a Ich glaube kein Wort, als beste Freundin kenne ich sie am besten
b Na ja, an jedem Gerücht ist etwas dran
c Ich weiß, dass viele Jungs sie anbeten, das kann schon verlockend sein …

8. Ein Freund will über dich – die beste Freundin – Britneys Geheimnisse herauskriegen …
a … ich verrate aber nichts
b … ein bisschen darf man aus dem Nähkästchen plaudern
c … da würde ich schon ins Schwanken kommen

9. Britneys zweites Album ist wieder ein Bombenerfolg geworden. Bist du neidisch?
a Nein, ich bin stolz auf sie
b Ein wenig schon
c Es ist schwierig, einen Star als Freundin zu haben

10. Britneys Bruder hat Kummer. Brit ist unterwegs und hat keine Zeit. Kümmerst du dich um ihn?
a Ich höre ihm zu und gebe ihm einen Rat
b Nein, schließlich ist er nicht mein Bruder, sondern Britneys
c Das macht bestimmt seine Familie

Auflösung: Könntest du Britneys Freundin sein?

1. Sooo viele CDs hat Britney auch wieder nicht zu Hause – und über das Neueste von Whitney oder Mariah würde sie sich immer freuen (b.), schließlich sind die beiden ihre großen Vorbilder.
2. In Englisch und Geschichte hat Britney keine Probleme (a.+ c.). Nur diese verfluchten Formeln hat sie noch nie so richtig verstanden: Mathe ist ihr absolut ungeliebtestes und schlechtestes Fach (b.).
3. Sie redet mit ihren Freundinnen über alles, wirklich alles! Und das Thema Liebe steht natürlich an allererster Stelle. Wer eine beste

Freundin hat, der muss schließlich auch Vertrauen zu ihr haben (b.).

4. Na, du warst dir nicht ganz sicher? Alle drei Antworten sind richtig! Brit liebt Shopping genauso wie Kino oder Make-up.
5. Wer einen Star zur Freundin haben will, der muss akzeptieren, dass sie oft unterwegs ist und nicht immer Zeit hat. Außerdem ist die Wiedersehensfreude nach längerer Trennung umso größer (b.)!
6. Freundinnen und Jungs - ein heißes Thema. Wenn sich die beiden aber vertrauen und über alles sprechen können, dann sollte sich die eine über das Glück der anderen freuen. Britney wäre sicher glücklich, wenn du es auch bist (c.).
7. Du wärst bestimmt die erste, die etwas über einen neuen Jungen in Britneys Liebesleben erfahren würde. Denn schließlich setzt sie auf deine Freundschaft und deinen Rat. Oder fändest du es gut, wenn sich deine Freundinnen aufgrund von Gerüchten von dir abwendet (a.)?
8. Manchmal ist es schwer, Geheimnisse für sich zu behalten. In einer Freundschaft sollten allerdings klare Regeln herrschen - und Brit würde dir ihre Geheimnisse bestimmt nicht anvertrauen, wenn sie wüßte, dass du sie weitererzählst (a). Das wäre ein klarer Vertrauensbruch!

9. Neid (a.) ist hier sicher fehl am Platz, denn der kann Freundschaften zerstören. Auf so eine Freundin solltest du stolz sein (b.)!
10. Brit hat ein enges Verhältnis zu ihrem Bruder. Sicher wäre sie froh, wenn du in diesem Fall ihre Rolle einnehmen könntest und ihm zuhörst (a.). Denn Freunden kann man manche Dinge leichter erzählen als den Eltern, richtig? (c.).

INFO!

Brit auf einen Blick!

Bürgerlicher Name:	Brittany Jean Spears
Geburtstag:	2. Dezember 1981
Geburtsort:	Kentwood, Louisiana
Sternzeichen:	Schütze
Größe:	1,52 m
Gewicht:	51 kg
Augenfarbe:	braun
Haarfarbe:	dunkelblond

Fit wie Brit!

»Oh pretty baby, there's nothing that I wouldn't do«

… *Baby One More Time*

Britneys Fitness-Programm

Ihre vielen Auftritte und Tanzeinlagen zehren ganz schön an Britneys Kräften und erfordern eine gute Kondition. Auf der Bühne muss jeder Schritt perfekt sitzen - und dafür trainiert sie oft wochenlang. Schon zu Beginn ihrer Karriere hat sie sich vorgenommen, auf ihrem Weg zum Erfolg stets fünf ganz bestimmte Grundregeln einzuhalten:

Nicht zu Tode hungern! Das bringt gar nichts. Wenn man manche Stars oder Models so sieht, fragt man sich, wie die ihr Körpergewicht bloß halten können. Manche hungern den ganzen Tag. Das ist nichts für Britney! Sie isst, worauf sie Lust hat. Pasta, Pizza, Schokolade - alles ist möglich, aber in Maßen.

Hör auf deinen Körper! Schokolade und Pasta, das darf schon mal sein, aber Britney setzt sich auch klare Grenzen. Besonders vorsichtig ist sie, wenn es um ihre Stimme geht. Damit der nichts passiert, trinkt sie zum Beispiel täglich heißen Zitronensaft. Schmeckt schrecklich sauer, aber hilft. Und zum gesunden Leben gehört auch, dass Britney

Zigaretten, Alkohol und Drogen meidet. Das würde ihrem Körper nur Schaden zufügen.

Regelmäßig Fitness betreiben! Als Britney für ihr Debütalbum im Studio war, hat sie regelmäßig 50 Sit-ups gemacht, um ihren Körper fit zu halten. Auf Tour ist das nicht immer so leicht einzuhalten, aber ehrgeizig wie sie nun einmal ist, schafft sie ihr Tagespensum fast immer. Tanzen ist für Britney das beste Mittel, sich in Form zu halten.

Nichts übertreiben! Sie weiß zwar immer, was sie will, und kann sehr hart arbeiten, wenn es sein muß. Aber sie kennt ihre Grenzen ganz genau. Zeit zum Entspannen und Energie tanken muss sein. Wenn Brit besonders viel gearbeitet hat, legt sie sich einfach aufs Bett, hört eine schöne CD, schließt die Augen und träumt. Als Höhepunkt der Entspannung nimmt sie dann ein Bad und fällt zufrieden in den Schlaf.

Glaub an dich! Dann hast du genug Energie, um alles zu meistern. Und viel von ihrer Energie schöpft Britney nicht aus körperlicher, sondern aus geistiger Kraft – aus dem Gebet. Klingt vielleicht ein bißchen altmodisch, aber Britney wurde tatsächlich sehr religiös erzogen. Das Gebetbuch hat sie auf Reisen immer dabei, denn es erinnert sie an ihr zu Hause und daran, dass sie einen festen Punkt im Leben hat. Dass es Menschen gibt, die auf sie warten, egal was passiert. Nach einem Gebet fühlt sie sich sicher.

Doch von nichts kommt nichts. Wer körperlich fit sein will, muss dafür etwas tun. Und das am besten regelmäßig.

Britney hat für dich ihr Fitness-Programm zusammengestellt. Du kannst es entweder im Wohnzimmer oder im Freien machen. Es sieht so aus:

Aufwärmen

Bevor du loslegst, sollten deine Muskeln aufgewärmt werden. Und das solltest du nie vergessen, denn nur so kannst du Verspannungen oder Verletzungen vorbeugen. Es reicht, wenn du die Aufwärmübungen ungefähr 15 Minuten lang machst.

a **Stretching**: Tief aus- und einatmen. Beim Einatmen die Arme weit nach oben strecken und beim Ausatmen fallen lassen.
b **Kniebeugen**: Mach mindestens 20 Kniebeugen, das wärmt nicht nur deine Muskeln auf, sondern du wirst auch merken, wie dein Blut in Wallung kommt.
c **Springen**: Mit einem Springseil oder ohne – springe so hoch du kannst und so weit du kannst. Dabei vergiss nicht, deine Arme mitzubewegen. Das verleiht Schwung!

Das Training

Sit-ups
Sit-ups haben es ganz schön in sich. Wenn du darin nicht geübt bist, dann fang mit wenigen an und steigere dich mit jeder Trainingseinheit. Achtung: Bauchmuskelkater ist vorprogrammiert. Am meisten Spaß macht diese Übung mit einer Freundin oder einem Freund. So könnt ihr euch gegenseitig anspornen. Denn geteiltes »Leid« ist bekanntlich halbes Leid. Und los geht's:

Lege dich mit dem Rücken auf den Boden, am besten auf einen Teppich oder eine Gymnastikmatte. Winkle deine Beine leicht an und lege deine Arme hinter deinen Nacken. Jetzt versuche, deinen Oberkörper bis zu den Knien nach oben zu bewegen. Wenn du ein kleines Ziehen in der Bauchgegend merkst, machst du es genau richtig. Dann bewege den Oberkörper wieder langsam in Richtung Boden und kurz bevor du den Boden berührst, geht es wieder bergauf. Für Anfänger sollten 20 Stück erst einmal reichen.

Britney: »Männer mit Muskeln finde ich toll. Ich könnte stundenlang zusehen, wenn ein Typ im Fitnessraum seinen Body trainiert.«

Beine

Nun lege deinen Körper auf die Seite. Du solltest ganz gerade liegen. Dann bewege das oben liegende Bein in langsamen Schritten (am besten du zählst bis acht) in Richtung Decke. Führe es auf dieselbe Weise wieder nach unten. Nach 15 Malen dreh dich um und mach dasselbe nun mit dem anderen Bein. Diese Übung stärkt sowohl deine Bein- als auch deine Bauchmuskulatur.

Arme

Britney macht regelmäßig Hanteltraining, um auch ihre Armmuskulatur zu stärken. Dafür benutzt sie ein Kilogramm schwere Hanteln. Wenn du keine zur Hand hast, kannst du auch zwei gleich schwere Bücher benutzen. Nimm in jede Hand eines, strecke einen Arm weit nach oben und bewege ihn nach unten. Diese Übung solltest du zehnmal mit jedem Arm machen.

Gehen

Viele denken, Jogging sei die einzige Möglichkeit, seinen ganzen Körper fit zu halten. Das ist so nicht richtig, denn durch ungeübtes und falsches Jogging kann es leicht passieren, dass einige Sehnen überdehnt werden oder durch falsches Laufen deinen Knien Schaden zugefügt wird. Viel besser dagegen ist schnelles Gehen, auch »walking« genannt. Zugegeben, dabei sieht man ziemlich komisch aus. Aber was tut man nicht alles für die Fitness! Am besten du gehst bei schönem Wetter in einen Park, nimmst deinen Walk- oder Diskman mit und fängst an, zum Rhythmus zu laufen. Nach einer Stunde wirst du merken, wie deine ganze Körpermuskulatur darauf anspricht.

Abwechslung

Die beste Art fit zu bleiben, ist laut Britney einfach »aktiv zu sein«. Egal ob Schwimmen, Radfahren, Inline-Skaten, Basketball, Volleyball oder Fußballspielen. Jede Art der Bewegung ist gut für Körper und Geist. Wenn du einen langen Fernseh- oder Videonachmittag hinter dir hast, solltest du dich aufraffen und noch etwas für deinen Körper tun. Das hilft nicht nur fit zu bleiben, sondern verbrennt auch unnötige Kalorien. Eine von Britneys Lieblingsaktivitäten ist das Schwimmen. Im Wasser fühlt sie sich leicht und wohl. Schwimmen fördert den Muskelaufbau und macht das Herz stark. Wenn sie nicht im Schwimmbad ihre Runden zieht, rollt Brit mit ihren Inline-Skates durch die Straßen. Inline-Skaten macht Spaß, ist aber nicht ganz ungefährlich. Deshalb daran denken: Knie, Ellbogen-, Handschoner und Helm sind ein absolutes Muss!

Entspannung
Beende dein Fitnesstraining nie abrupt, sondern lasse es langsam ausklingen. Dein Körper hat sich seine Erholung jetzt redlich verdient. Am besten du hörst damit auf, womit du angefangen hast: Mit Stretching und tiefem Ein- und Ausatmen.

Tipp

Fünf Fitness-Regeln!

1. **Nichts übertreiben!** Diese Übungen sind dazu da, sich fit zu halten, und nicht, um seine Grenzen auszutesten. Wenn du zu ehrgeizig bist, kann es schnell passieren, dass du dir eine Muskelverletzung zufügst.
2. **Nicht süchtig werden!** Fitness soll in erster Linie Spaß machen und nicht in harte Arbeit ausarten. Wenn du merkst, dass dein Herz immer schneller schlägt und du völlig außer Atem bist, dann gönne deinem Körper eine Ruhephase. Damit ersparst du dir Verletzungen.
3. **Viel Wasser trinken!** Während du Sport machst, verbraucht der Körper enorm viel Wasser. Das merkst du daran, dass du zu schwitzen beginnst. Deshalb ist es sehr wichtig, dem Körper die verlorene Flüssigkeit zurückzugeben. Das heißt: Trinke vor, während und nach deinen

Übungen Flüssigkeit. Am besten Wasser oder kalten Tee. Überhaupt ist es wichtig, viel zu trinken. Zwei Liter am Tag sind absolutes Muss. Das tut dem Körper gut und sorgt außerdem für eine schöne, gesunde und reine Haut.

4. **Motivation!** Wenn dir langweilig ist oder du dich schlapp fühlst, ist es am besten, du tust etwas dagegen. Nicht vor dem Fernseher, sondern im Freien! Geh raus und verwandle deinen Frust in Energie. Das wirkt Wunder und gibt neue Tatkraft.
5. **Tu es für dich!** Egal, welche »Vorbilder« die Mode- oder Popwelt zeigen, du musst dir selbst gefallen. Deshalb solltest du auch dein Fitnessprogramm in erster Linie für dich selbst und nicht für jemand andern machen. Denn nur so hast du auch Spaß dabei!

Girl-Power = Brit-Power

»You were my first love, you were my true love
From the first kisses to the very last rose«

From The Bottom Of My Broken Heart

Britneys Erfolgsgeheimnis

Sie hat Talent, hat immer an sich geglaubt, hart gearbeitet und hatte die nötige Portion Glück - und sie ist über Nacht zum Superstar geworden! Britneys Karriere ist wirklich eine Ausnahmeerscheinung im harten Musikgeschäft. Nun hast du schon so viel über das amerikanische Wundermädchen erfahren, aber trotzdem wirst du dich noch immer fragen: Wie hat sie das alles bloß geschafft? Viele Girls wünschen sich, so erfolgreich wie sie zu sein. Wie konnte sie in so kurzer Zeit so viele Herzen im Sturm erobern?

Ihr Geheimnis ist ganz einfach: Trotz ihres Riesenerfolges ist Brit ein ganz normales Mädchen geblieben. Sie ist weder abgehoben noch arrogant. Und das spüren die Fans. Auch sie schwärmt für berühmte Schauspieler wie Ben Affleck oder Brad Pitt, redet in Interviews ganz offen über ihre Wünsche und Träume, lässt nachts in Hotelzimmern das Licht brennen, weil sie Angst hat. Dass sie gerne mit Brad ausgehen würde oder dass sie weiche Knie bekam, als sie zum ersten Mal Kevin von den Backstreet Boys gegenüberstand, weil der »so unglaublich süß ist«. Es macht sie einfach sympathisch. Trotz ihrer Mega-Erfolge und den vielen großen Storys über sie in Zeitschriften rund um den Globus zählt sie sich auch heute nicht zur Star-Elite, sondern zeigt immer, wie normal sie geblieben ist. Auch sie hat ihre Schwächen, sorgt sich um ihre kleine Schwester oder liegt auch mal gerne faul im Bett.

Die Spice Girls wurden mit »Girl-Power« berühmt. Jetzt wäre es an der Zeit, dieses Schlagwort umzubenennen in »Brit-Power«! Brit hat eine positive Einstellung zum Leben, möchte ihre Erfahrungen den Fans mitteilen. Möchte ihnen sagen: »Schaut her, ich bin genau wie ihr. Mit denselben Problemen und Wehwehchen!« Ob es um eine unglückliche Liebe geht oder um Meinungsverschiedenheiten mit den Eltern - Brit weiß, was Teenies fühlen und denken. Deshalb kann sie sich auch so gut in ihre Fans hineinversetzen. Manchmal, wenn sie wieder zu viel Pasta oder Pizza gegessen hat, macht sie sich genauso Gedanken um ihre Figur wie du. Oder wenn wieder einmal ein kleiner Pickel in ihrem Gesicht zu sehen ist.

Aber das ist alles Nebensache. Für Britney zählt vor allem eines: Sie will das tun, wozu sie sich berufen fühlt, und sie möchte Spaß im Leben haben. Ihre Message ist ganz einfach: »Hab Spaß und verwirkliche dich selbst!« Wenn man traurig ist und Kummer hat, ist das nicht immer ganz einfach zu realisieren, aber sei sicher, auch Brit ist manchmal traurig. Und dann schöpft sie ihre ganze Kraft aus ihrem Optimismus. Dann denkt sie daran, wie sehr sie von ihrer Familie geliebt wird, wie viel Glück sie schon in ihrem Leben hatte - und der Kummer ist wie weggeblasen. Außerdem redet sie über ihre Probleme - das tut gut. Und ihr Vorsatz »Glaube an dich selbst und arbeite für deinen Traum« bringt sie weiter im Leben.

Dieses Girl hat wirklich Power! Nimm ihre erste Bewerbung beim *Mickey Mouse Club*. Sie wurde nicht genommen, weil sie zu jung war. Andere Girls hätten bereits zu diesem Zeitpunkt das Handtuch geworfen, weil sie nicht genug Selbstbewusstsein haben. Wären bitter enttäuscht gewesen oder hätten vielleicht vorschnell einen anderen Weg eingeschlagen. Oder denke nur an ihr Missgeschick beim Videodreh zu *Sometimes*. Natürlich hatte sie große Schmerzen, natürlich kostete sie die Knieoperation viel Kraft – aber sie bemitleidete sich nicht selbst, sondern blickte zuversichtlich in die Zukunft. Oder der misslungene Auftritt bei … *Wetten, dass?*, als die Tonanlage versagte und Brits Stimme für Millionen Fernsehzuschauer nicht zu hören war. Und sich dann unglücklicherweise ihre Federboa auch noch im Kabel verhängte. Eine peinliche Angelegenheit. Aber Britney denkt positiv! Was einmal danebengeht, wird beim nächsten Mal eben besser gemacht und klappt dann auch.

»Brit-Power«, das bedeutet selbstbewußt sein, sich von traurigen Momenten nicht unterkriegen lassen und das Leben in die eigene Hand nehmen. Vielleicht bald auch dein Vorsatz?

Tipp

Ein Britney-Tag

Die schönste Leidenschaft ist die, die man mit jemand anderem teilen kann. Bestimmt findest du es auch toll, dich mit anderen Britney-Fans auszutauschen und gemeinsam für das Girl zu schwärmen. Vielleicht hast du Lust, ein paar deiner Freunde zu dir nach Hause einzuladen und einen »Britney-Abend« zu verbringen. Wie so ein Tag aussieht? Hier ein paar Anregungen:

Leih dir in einer Videothek einen von Britneys Lieblingsfilmen aus! Du hast die Auswahl zwischen *Titanic*, *Die Hochzeit meines besten Freundes*, *Magnolien aus Stahl* oder *Notting Hill*. Schon gesehen? Egal, Britney sieht sich ihre Lieblingsfilme bis zu zehnmal an. Auch liebt sie es, zusammen mit Freunden Filme anzusehen. Verdunkle dein Zimmer, damit die Stimmung wie im Kino ist, und reiche deinen Freunden Popcorn und Cola.
Wenn nach dem Film der Hunger kommt, denk dran: Britney isst gerne! Am liebsten grillt sie im Garten. Beim Essen könnt ihr wunderbar über Britney, eure Freunde, euren Schwarm oder eure Eltern reden. Bestimmt wirst du merken, dass andere die gleichen Wünsche und Gedanken haben. Das ist ein tolles Gefühl!
Dabei könnt ihr Britneys Lieblingssongs hören! Besorge dir die Platten von den Backstreet Boys, Mariah Carey und Whitney Houston.

Test

Wie gut kennst du Britney wirklich?

1. Wer in Britneys Familie trägt ihren zweiten Vornamen »Jean«?
a ihre Cousine
b ihre Großmutter
c ihre Großtante

2. Wie lautete Britneys Spitzname beim *Mickey Mouse Club*?
a Brit
b Bit-Bit
c Bit

3. Trug Britney früher eine Zahnspange?
a ja
b nein

4. In welcher Stadt geht Britney am liebsten shoppen?
a Orlando
b New York
c Kentwood

5. Welche Gegenstände sammelt Britney?

a Ohrringe
b Porzellanpuppen
c CDs

6. Wie lautet der Vorname von Britneys erster großen Liebe aus der Highschool?
a Justin
b Reg
c Bryan

7. Wie hieß die Show, bei der Britney zum ersten Mal in New York auf der Bühne stand?
a Ruthless
b Cinderella
c Cats

8. Wer spielte im Video zu *(You Drive Me) Crazy* mit?
a Britneys Mutter
b Felicia Culotta
c Melissa Joan Harts

9. Wie alt war Britney, als sie zum *Mickey Mouse Club* kam?
a 8
b 11
c 13

10. Welche ist Britneys schlechteste Angewohnheit?

a Fingernägel kauen
b Unpünktlichkeit
c Unordentlichkeit

11. Wie lautet Britneys Erfolgsgeheimnis?
a Gib nie auf!
b Nutze dein Talent!
c Sei optimistisch und glaub an deine Träume!

Auflösung: Wie gut kennst du Britney wirklich?

1. (b.)
2. (b.)
3. (a.)
4. (b.)
5. (b.)
6. (b.)
7. (a.)
8. (c.)
9. (b.)
10. (a.)
11. Alle drei Antworten sind richtig!

INFO!

Britneys Stiftung

Um unterprivilegierten Kindern im Alter von 10 bis 12 Jahren eine Chance zu geben, auf spielerische Art und Weise erste Bekanntschaft mit Musik und anderen Künsten zu machen, hat Brit die *Britney Spears Foundation* ins Leben gerufen. Diese wohltätige Stiftung bietet in Form eines Feriencamps in den Bergen von Berkshire im Westen von Massachusetts etwa 100 Kindern die Gelegenheit, unter der Obhut ausgebildeter Trainer ihrer Kreativität freien Lauf zu lassen. Die Kinder haben dort die Möglichkeit, aus einer Vielzahl von Kursen frei zu wählen. Die Auswahlkriterien für einen Platz in diesem Sommercamp sind sowohl soziale Bedürftigkeit als auch Interesse an »Performing Arts«. Der komplette Aufenthalt ist für die Teilnehmer natürlich kostenlos.

For Fans only!

»I can see you in my mind
Coming on the line
And opening this letter
That I've sent a hundred times«

E-Mail My Heart

Fanclubs

Fanclub Amerika: The Britney Beat, P.O. Box 19 2730, San Francisco, CA 94119-2730, USA

Wie jeder Star bekommt Britney gerne Fanpost aus aller Welt. Wenn du dich direkt an den amerikanischen Fanclub wenden möchtest, dann bedenke, dass es sinnvoll ist, einen Rückumschlag und einen internationalen Antwortschein (statt Briefmarken) beizulegen. So kannst du sichergehen, dass deine Autogrammwünsche oder Fragen schneller beantwortet werden. Natürlich schafft Brit es nicht, alle Briefe selbst zu lesen und zu beantworten. Aber machmal nimmt sie sich tatsächlich ein paar Stunden Zeit, um die Post durchzuschauen. Wer weiß, vielleicht ist dein Brief einmal dabei …

Fanclub Deutschland: Britney Spears Fan Club Postfach 75 02 01, D- 50754 Köln

Wem der Weg über den amerikanischen Fanclub zu umständlich ist, kann sich natürlich auch an den deutschen wenden. Auch hier werden die Anfragen so schnell wie möglich beantwortet. Da die Zuschriften immer mehr werden, solltest du dich auf eine Bearbeitungszeit von mindestens zwei Wochen einstellen. Die Fanclub-Betreuer machen ihren Job ehrenamtlich und haben eine Menge zu tun.

E-Mail

Britney@peeps.com

Wenn du einen Internetanschluss beziehungsweise eine E-Mail-Adresse hast, kannst du Britney persönlich deine Kommentare, Wünsche und Glückwünsche hinterlassen. Brit ist ein absoluter E-Mail-Junkie und es vergeht kein Tag, an dem sie nicht ihre E-Mail-Box leert. Da die Mails aus aller Herren Länder kommen, kann es natürlich auch hier dauern, bis Brit deine persönliche Nachricht lesen wird. Und so gerne sie es auch täte – leider kann sie nur wenige lesen. Trotzdem: Brit wird sich bestimmt auch über viele Mails aus dem deutschsprachigen Raum freuen!

Internet

Mittlerweile gibt es im Internet über 800 Fanseiten zu Britney und über 200 Anti-Fanpages. Hier die besten und wichtigsten. Unter den genannten Adressen findest du immer weitere Links zu anderen - auch sehr guten - Britney-Seiten. Viel Spaß beim Surfen!

Die offizielle Homepage

www.britney.com
Diese Seite ist die offizelle Website von Britney und wurde bereits eingerichtet, noch bevor ihre erste Single erschienen war. Sie ist in englischer Sprache verfasst und bietet einen guten Überblick über Britneys Erfolgsgeschichte, ihre Auftritte und Touren. Die Seiten werden täglich mit Neuigkeiten aktualisiert. Unter dieser Adresse findest du auch oft Gewinnspiele. Außerdem kannst du im Chat-Bereich mit anderen Brit-Fans aus der ganzen Welt Kontakt aufnehmen. Wer möchte, kann sich auch eintragen, um regelmäßig den Britney-Newsletter zu empfangen.

Die deutsche Homepage

www.jive.de/BritneySpears
Britneys deutsche Plattenfirma hat ebenfalls eine eigene Britney-Seite eingerichtet. Dort findest du eine Biografie, Artikel, Fotos und News zu Brit. Eines ist sicher: Was hier steht, entspricht der Wahrheit und ist von Britney höchstpersönlich abgesegnet. Allerdings sind die Informationen oft nicht ganz so neu wie die auf der amerikanischen Page beziehungsweise den vielen Fanpages.

Fanpages
Im deutschsprachigen Raum haben sich mittlerweile einige tolle Britney-Homepages etablieren können, auf denen es viele Berichte und Fotos von ihr zu entdecken gibt. Die Fanseiten bieten die beste Möglichkeit, mit anderen Fans Kontakt aufzunehmen und sich über Britney und weitere Themen auszutauschen. Die folgenden Adressen sollen dir einen kleinen Überblick verschaffen:

www.britneyland.de
Hier findest du unter den Rubriken »News«, »Biografie«, »Songtexte«, »Pictures«, »Diskografie«, »Videografie« und »Downloads« wirklich alles Wichtige über Britney! Eine sehr ausführliche und liebevoll gestaltete Seite. Außerdem gibt es einen Multimediabereich, in dem du dir Videos anschauen und herunterladen kannst. Wirklich exzellent: Das »Britney Board«, in dem man sich registrieren lassen und mit anderen Usern über diverse Themen diskutieren kann. Außerdem gibt's einen »Brit-Chat« und ein Gästebuch. Und sämtliche Artikel in diversen Zeitschriften und Zeitungen sowie Berichte aus TV und Videotext können in einem

Archiv abgerufen werden. Hier triffst du hundertprozentige Britney-Fans!

www.Britney4you.de
Auch diese Adresse hat einiges über Britney zu bieten: Viele News, aktuelle Charts-Platzierungen, einen Newsletter, ausführliche Tourdaten, tolle Downloads und ein gut besuchtes Gästebuch. Toll ist auch die Sparte »Songtexte« – hier kannst du wirklich alle Texte von Britneys Liedern finden.

www.britney-net.de
Das Besondere an dieser Seite: Es gibt nicht nur viel Wissenswertes über Amerikas begehrtesten Shootingstar Britney, sondern hier kannst du auch virtuelle Postkarten an deine Freunde verschicken – nette Idee für den nächsten Geburtstag deiner besten Freundin oder deines Freundes.

www.britneyspears.org
Diese Seite ist eine amerikanische Fanpage und deshalb auch auf Englisch. Wer mit der Sprache kein Problem hat, kommt hier voll auf seine Kosten: Die Infos werden garantiert jeden Tag aktualisiert.

www.britneyspearsonline.de
Das ist eine musikalische Seite! Wer unter dieser Adresse ins Internet geht, wird von einer lustigen Instrumentalversion von Britneys erster Single ... *Baby One More Time* begrüßt. Tolle Idee, und auch sonst ist diese Seite, die damit wirbt, die »erste deutsche Fanpage« zu sein, sehr informativ und unterhaltsam.

www.hier-ist.de/britney
Du willst Britney auf deinem Computer als Bildschirmschoner haben? Kein Problem! Unter dieser Adresse, die ihre Seiten sowohl auf Deutsch als auch auf Englisch bereithält, findest du alles, was du dafür brauchst.

www.britneybeat.com
Auf dieser Seite veröffentlicht Britneys Mom Lynne in unregelmäßigen Abständen Briefe an die Fans, in denen sie im Namen ihrer Tochter schildert, was Brit gerade erlebt. Eine klasse Einrichtung, denn so hat man das Gefühl, hautnah an Britneys Leben teilnehmen zu können. Prima Seite!

www.britneyboutique.de
Diese Seite dreht sich rund um Britneys Look. Hier kann man sich die neuesten T-Shirt-, Hut-, Hosen- und Rock-Trends ansehen und auch bestellen. Wer sich nichts kaufen will, kann sich aber wertvolle Styling-Anregungen holen. Für Modefans, die Britneys Stil cool finden.

INFO!

Kennst du die Namen von Britneys Tänzern der ersten US-Tour?

Name: Alex Estornel
Herkunft: Dallas, Texas

Name: Charissa Seaman
Herkunft: Columbia, South Carolina

Name: Andre »Dre« Fuentes
Herkunft: Redondo Beach, California

Name: Nick Florez
Herkunft: Kaufman, Texas

Name: Tania Ante
Herkunft: San Francisco, California

Name: TJ Espinoza
Herkunft: San Jose, California
TJ spielte eine Nebenrolle im Kinohit *Eine wie Keine*.

Klatsch und Tratsch

Über Stars, die in der Öffentlichkeit stehen, wird viel geschrieben. Seit Britney so erfolgreich ist, ziert auch sie viele Titelblätter und steht immer wieder in TV-Sendungen im Mittelpunkt. Aber vieles, was über sie berichtet wird, wird von ihr weder bestätigt noch verneint. Die folgenden Gerüchte tauchten in der Presse am häufigsten auf. Und wie man weiß, trägt jedes Gerücht ein Fünkchen Wahrheit in sich …

Liebe 1

Da sich Britney ein Haus in London gekauft haben soll, hat sich die Meldung verbreitet, dass sie und Prinz William ständig in Verbindung stehen und sich romantische Liebes-E-Mails schicken. Das berichtete zumindest der *Daily Star*. Ihr Haus soll nur 20 Autominuten von Prinz Charles' Landsitz in Highgrove entfernt sein. Vornehmer Adelskreis – also doch reizvoll für Britney?

Das erste Mal

Laut einer Meldung des US-Magazins *Teen Weired* ist Britney noch Jungfrau. Dies bestätigte angeblich ihr Exfreund Reg vor einigen Monaten: »Auch wenn es mir keiner glaubt, aber wir haben in den ganzen zweieinhalb Jahren nie miteinander geschlafen. Erstens fühlte sich Brit noch zu jung, zweitens hat sie den festen Vorsatz, als Jungfrau in die Ehe zu gehen!«

Tattoo

Britneys Reisebegleiterin Felicia Culotta verriet in einem Interview, Britney habe sich kurz nach ihrem Hawaii-Urlaub ein kleines Tattoo auf Gürtelhöhe stechen lassen. Es sehe aus wie eine kleine Fee mit schwarzen Flügeln: »Britney wollte unbedingt ein Tattoo nach ihrem Hawaii-Trip haben.« Als sie von ihrem Urlaub zurück in New York war, ging sie angeblich sofort zu einem Tattoo-Shop im *Garment District*. »Noch nicht mal ihre Mutter weiß davon…«, so Culotta. Na ja, dann weiß sie es spätestens jetzt.

Liebe 2

Seit Britneys Video für die amerikanische Singleauskopplung zu *From The Bottom Of My Broken Heart* kommen wieder Gerüchte um eine neue Affäre auf. Zwei Tage lang stand Britney zusammen mit dem Model Chris Snyder (21 Jahre alt und hat bereits für Nautica und Ralph Lauren gearbeitet) in einem Vorort von L.A. vor der Kamera. Der Teenie-Zeitschrift *BRAVO* verriet sie: »Wir haben uns so gut verstanden, dass Chris auch in *Born To Make You*

Happy meinen Lover spielt. Die Dreharbeiten für *From The Bottom …* habe ich total genossen, weil es das erste Video ist, in dem ich nicht tanzen musste und mich voll auf die Schauspielerei konzentrieren konnte.«

Depressionen

Nachdem immer mehr Experten und auch Ärzte gemeint haben, dass Britney wegen ihrer vielen Reisen, Konzerte und Veranstaltungen den Stress nicht lange aushalten könne und mal eine Pause benötigen würde, macht sich Britney laut der folgenden Meldung sogar selbst Sorgen. Sie sagte in einem Interview mit TRL: »Ich fühle deutlich, dass mir der Stress langsam zu viel wird und dass ich immer öfter müde, schlecht gelaunt und depressiv bin.« Sie denkt jetzt ernsthaft darüber nach, eine kleine Pause einzulegen. Nach dieser Aussage kamen natürlich gleich wieder Gerüchte auf, dass Konzerte abgesagt werden müssten … Zur Beruhigung, speziell für die deutschen Fans, fügte sie dann hinzu: »Ich werde die Pause, wenn überhaupt, so legen, dass ich keine Tour unterbrechen muss. Ich werde, wenn es mein Zeitplan erlaubt, auch in Deutschland auftreten.« Doch wie hätte sie mit diesen gesundheitlichen und psychischen Problemen ihr zweites Album aufnehmen können?

INFO!

Brit-Barbie

Eine Barbiepuppe, die aussieht wie Britney? So was kann nur aus Amerika kommen. Die Puppe mit dem rosa Kleidchen gibt es für 12,95 Dollar in den USA.

Deutsche Stars über Britney

Geschmäcker sind eben verschieden! Einige Jungs finden Britney zum Anbeißen süß, andere stehen überhaupt nicht auf sie. Hier erfahrt ihr, was männliche deutsche Stars über Brits Aussehen denken:

Andreas Türck
»Die Kleine hat auf mich keine Anziehung. Sie ist außerdem zu jung und versucht, auf älter zu machen. Das mag ich gar nicht. Auch ihre Klamotten und ihre Musik sind mir zu billig.«

(Tja, wer ist da wem zu jung beziehungsweise zu alt?)

Kim (Echt)
»Ich glaube, sie ist ein ganz normales Schulmädchen, das in Wirklichkeit längst nicht so scharf aussieht wie in ihren Videos. Aber ehrlich: Ich würde sie nicht von der Bettkante werfen.«

(Tststs …)

Sasha

»Sie ist genau der Typ, auf den ich mit 15 stand. Ihr süßes Puppengesicht hätte mir super gefallen. Heute lässt sie mich allerdings kalt. Ihre Stimme finde ich auch nicht berauschend!«

(Danke, Sasha. Dann müssen all die anderen Jungs *deine* Konkurrenz wenigstens nicht fürchten.)

Tim Sander (GZSZ)

»Ihre Musik mag ich überhaupt nicht, auch wenn sie ganz oben in den Charts steht. Für mich ist Britney ein blondes, simples Girl, das auf mich weder sexy noch anziehend wirkt.«

(Wie ihr sicher wisst, ist Tim ein absoluter HipHop-Freak. Okay, damit kann Britney nicht dienen …)

Tolga (Die dritte Generation)

»Ihr Lächeln wirkt zwar künstlich, aber Britney hat auf alle Fälle wahnsinnig Sexappeal. Ob sie intelligent ist, kann ich schlecht einschätzen. Aber sie kann sich gut vermarkten.«

(Sexappeal, den hat Britney wirklich!)

Oops! ... She Did It Again - Britneys Zukunft

»Oops, do you think I'm in love
That I'm sent from above
I'm not that innocent«

Oops! ... I Did It Again

Das Traumgirl 2000 erobert die Welt

Nach dem Wahnsinnserfolg mit ihrem ersten Album … *Baby One More Time* wollte Britney ihre Fans natürlich nicht lange auf ein zweites Album warten lassen. Trotz Tourstress und den vielen Interview-Terminen wurde die Veröffentlichung für *Oops! … I Did It Again* bereits für Mai 2000 festgesetzt. Sie selbst sagt darüber: »Das zweite Album ist viel funkiger und rockiger als das erste. Ich glaube, ich werde erwachsen!« Und tatsächlich: Knapp zwei Jahre nach ihrem Durchbruch als professionelle Sängerin ist Britney nicht nur vom süßen Girl zum Superstar herangewachsen, sondern hat sich auch äußerlich zur erwachsenen Frau entwickelt. Immer öfter posiert sie in figurbetonten weiblichen Kleidern, zeigt sich nicht mehr ausschließlich im »Schulmädchen-Look«, der sie so populär gemacht hat. Als würde sie der Welt sagen wollen: »Seht her, ich bin nicht mehr das kleine Mädchen, für das ihr mich alle gehalten habt«, und wie sie auf ihrer ersten Single des zweiten Albums passend singt – »Soo unschuldig, wie ihr dachtet, bin ich auch wieder nicht!« Eine Fotostrecke im amerikanischen Musikmagazin *Rolling Stone* erregte sogar die Gemüter vieler Kritiker: Britney posierte freizügig als frech-frivole Lolita. Als kleines kokettes Mädchen, das mit ihrer unschuldigen Art Männern den Kopf verdreht.

Britneys Lieblingssong auf dem zweiten Longplayer heißt *Dear Diary* – und er ist einer der ersten Songs, den sie selbst geschrieben hat! Das romantisch-melancholische Lied handelt von einem Jungen, in den sie unglücklich verliebt ist. In diesem Song vertraut Britney ihrem Tagebuch all ihre Gefühle, Träume und Wünsche an, die sie sonst mit niemandem besprechen kann und will. Ob der Junge sie genauso gerne mag wie sie ihn? Hat diese Liebe eine Chance? Gedanken, die jedem verliebten Mädchen im Kopf herumschwirren. Brit selbst hörte übrigens mit 13 auf, regelmäßig Tagebuch zu führen. Aber wenn sie das Bedürfnis verspürt, ihre Gedanken auf Papier zu bringen, nimmt sie sich dafür ein paar Minuten Zeit, setzt sich hin und schreibt alles, was ihr gerade durch den Kopf geht, auf. Viele Songschreiber entwickeln aus bruchstückhaften Texten wie diesen ihre Songs. Auch Britney will sich in Zukunft mehr dem eigenen »Songwriting« widmen. Sie möchte den Fans verstärkt ihre Gedanken mitteilen und nicht ausschließlich als Sängerin fremder Songs abgestempelt werden. Wie sich in der Vergangenheit gezeigt hat, weiß Britney ganz genau, wie sie ihre Wünsche durchsetzen und verwirklichen kann. Sie ist nicht mehr das unschuldige Girl aus dem kleinen Ort Kentwood. Britney Spears ist eine erwachsene junge Frau, die ihren eigenen Kopf – und ein sehr ausgeprägtes Selbstbewusstsein – hat.

Ihr steht eine arbeitsintensive aber glückliche Zukunft bevor: Ihre erste Welttournee ist nur der Anfang! Sämtliche

US-Konzerte waren bereits einige Tage nach Beginn des Kartenvorverkaufs restlos ausverkauft. Manche Fans übernachteten sogar drei Tage vor den Vorverkaufsstellen, um wenigstens eine Karte zu ergattern. Sie eroberte Amerika, Europa, Asien – und, trotz ihrer Jugend, bald die ganze Welt. Britney, die sehr gerne reist, genießt ihre Zeit »on tour«. So lernt sie immer wieder neue, interessante Menschen und andere Kulturen kennen. Obwohl es ihr oft nicht leicht fällt, alleine in Hotelzimmern zu schlafen, immer fern von der Familie und den Freunden zu sein, freut sie sich natürlich über ihren Erfolg und den Kontakt zu ihren Fans. Schließlich ist es das, was Britney schon immer wollte, wovon sie stets geträumt hat: berühmt zu sein!

Britney: »Wenn mir eine Melodie einfällt, rufe ich einfach meinen Anrufbeantworter zu Hause an. So vergesse ich meine Idee bestimmt nicht.«

Wer so viel unterwegs ist, erlebt auch manchmal lustige Dinge, die einfach unvergesslich bleiben. So zum Beispiel wird Britney auf ihrer Weltreise wiederholt auf die eine oder andere Doppelgängerin treffen, denn immer mehr Mädchen kopieren mittlerweile ihren Stil. Und wie man weiß, belebt Konkurrenz das Geschäft. Viele dieser Britney-Kopien versuchen sich ebenfalls als Sängerinnen. Bestes Beispiel: Mandy Moore. Sie sieht nicht nur aus wie Britney, sie möchte auch genauso erfolgreich werden! In Amerika verkaufte sich ihre erste Single *Candy* über 500.000 Mal. Gibt es ein schöneres Kompliment, als von anderen Künstlern nachgeahmt zu werden?

Außerdem will Britney so bald wie möglich in einem Film mitspielen. In einem Interview sagte sie: »Am liebsten würde ich erst einmal eine Nebenrolle annehmen, denn ich glaube, bei einem Hauptpart könnte ich dem Druck nicht standhalten.« Verlockend findet sie das Angebot, eine Rolle in der Neuverfilmung von *Alice im Wunderland* zu übernehmen. Doch die Nummer 1 in ihrem Leben ist und bleibt die Musik.

Wir dürfen aber gespannt sein, welche Überraschungen das Traumgirl 2000 für ihre Fans in Zukunft bereithält …

INFO!

Das Album *Oops! … I Did It Again*

1. Oops! … I Did It Again
2. Stronger
3. Don't Go Knockin' On My Door
4. (I Can't Get No) Satisfaction
5. Don't Let Me Be The Last To Know
6. What U See (Is What U Get)
7. Lucky
8. One Kiss From You
9. Where Are You Now
10. Can't Make You Love Me
11. When Your Eyes Say It
12. Girl In The Mirror
13. Dear Diary

Worldwide Diskografie

Plattenfirma JIVE

Alben:

… Baby One More Time (Trackliste siehe S. 49)
Oops! … I Did It Again (Trackliste siehe S. 171)

Singles:

1. … Baby One More Time

Europa (2 Tracks)

1) … Baby One More Time
2) … Baby One More Time (Instrumental)

England/Europa 1

1) … Baby One More Time
2) … Baby One More Time (Sharp Plat. Vocal Mix)
3) … Baby One More Time (Davidson Ospina Mix)

England/Europa 2

1) … Baby One More Time
2) … Baby One More Time (Instrumental)
3) Autumn Goodbye

USA (Version 1)

1) … Baby One More Time
2) Autumn Goodbye
3) Imajin Preview (Hidden Track)

USA (Version 2)

1) … Baby One More Time (D.O. Club Mix)

2) … Baby One More Time (D.O. Chronicles Dub)
3) … Baby One More Time (LP Version)
4) … Baby One More Time (Sharp Plat. Vocal Mix)
5) … Baby One More Time (Sharp Trade Dub)

Australien
1) … Baby One More Time
2) … Baby One More Time (Instrumental)
3) Autumn Goodbye
4) … Baby One More Time (Davidson Ospina Mix)

Taiwan
1) … Baby One More Time
2) … Baby One More Time (Instrumental)
3) Autumn Goodbye
4) … Baby One More Time (Davidson Ospina Mix)

Coverversion »Born To Make You Happy«
(TRAVIS, britische Gitarrenpop-Band/Label: Independiente)
EP »More Men Who«
1.) Village Man
2.) Driftwood (live)
3.) 20
4.) Only Molly Knows
5.) … Baby One More Time

2. Sometimes

Europa (Version 1)

1) Sometimes Radio Edit

2) I'm So Curious

3) Sometimes Soul Solution (Mid-Tempo Mix)

Europa (Version 2)

1) Sometimes Radio Edit

2) Sometimes Soul Solution (Mid-Tempo Mix)

England

1) Sometimes Radio Edit

2) Sometimes Soul Solution (Mid-Tempo Mix)

3) I'm so Curious

USA

1) Sometimes Radio Edit

2) I'm So Curious

3) Sometimes Soul Solution (Mid-Tempo Mix)

Japan

1) Sometimes Radio Edit

2) … Baby One More Time (Sharp Plat. Vocal Mix)

3) … Baby One More Time (Davidson Ospina Mix)

Singapur

1) Sometimes Radio Edit

2) I'm so Curious

3) Sometimes Soul Solution (Mid-Tempo Mix)

3. (You Drive Me) Crazy

Europa (Version 1)

1) (You Drive Me) Crazy - [The Stop Remix]
2) (You Drive Me) Crazy - [TSR] - Instrumental
3) I'll Never Stop Loving You

Europa (Version 2)

1) (You Drive Me) Crazy - [The Stop Remix]
2) (You Drive Me) Crazy - [TSR] - Instrumental

England

1) (You Drive Me) Crazy - (The Stop Remix!)
2) (You Drive Me) Crazy - (Spacedust Dark Dub)
3) (You Drive Me) Crazy - (Spacedust Club Mix)

USA (12 Single)

1) The Stop Remix
2) Jazzy Jim's Hip-Hop Mix
3) LP Version
4) Pimp Juice's Souled Out 4 Tha Suits Vocal Mix
5) Mike Ski Dub

USA

1) The Stop Remix
2) The Stop Remix - (Instrumental)
3) I'll Never Stop Loving You

Japan

1) (You Drive Me) Crazy (The Stop Remix)
2) I'll Never Stop Loving You
3) … Baby One More Time (Davidson O. Dub)

4) Sometimes (Soul Solution Drum Dub)
5) (You Drive Me) Crazy [TSR] - Instrumental
6) Sometimes (Thunderpuss 2000 Club Mix)

4. Born To Make You Happy

Europa

1) Born To Make You Happy - (Radio Edit)
2) Born To Make You Happy - (Bonus Remix)
3) (You Drive Me) Crazy - (Jazzy Jim's Hip-Hop Mix)
4) ... Baby One More Time - Answering Machine Message

5. From The Bottom Of My Broken Heart

USA

1) From The Bottom Of My Broken Heart (Radio Edit)
2) (You Drive Me) Crazy (Jazzy Jim's Hip-Hop Mix)

6. Oops! ... I Did It Again

Europa

1) Oops!... I Did It Again - (Album Version)
2) Oops!... I Did It Again - (Instrumental)
3) From The Bottom Of My Broken Heart - (Ospina's Millenium Funk Mix)
4) Deep In My Heart